俄罗斯文化阅读

Что нужно знать китайцу о России и о русских?

李向东 编著
Я. Н. Прилуцкая

北京大学出版社
PEKING UNIVERSITY PRESS

图书在版编目（CIP）数据

俄罗斯文化阅读 / 李向东，Я. Н. Прилуцкая 编著. —北京：北京大学出版社，2008.9
（21世纪大学俄语系列教材）
ISBN 978-7-301-14153-3

Ⅰ.俄… Ⅱ.①李… ②Я… Ⅲ.①俄语－阅读教学－高等学校－教材 ②文化史－俄罗斯 Ⅳ.H359.4

中国版本图书馆CIP数据核字（2008）第121730号

书　　　　名：	俄罗斯文化阅读
著作责任者：	李向东　Я. Н. Прилуцкая　编著
责任编辑：	张　冰
标准书号：	ISBN 978-7-301-14153-3/H·2051
出版发行：	北京大学出版社
地　　　址：	北京市海淀区成府路205号　100871
网　　　址：	http://www.pup.cn
电　　　话：	邮购部 62752015　发行部 62750672　编辑部 62767347　出版部 62754962
电子邮箱：	zbing@pup.pku.edu.cn
印　刷　者：	北京大学印刷厂
经　销　者：	新华书店
	787毫米×1092毫米　16开本　9.75印张　280千字
	2008年9月第1版　2016年9月第2次印刷
定　　　价：	25.00元

未经许可，不得以任何方式复制或抄袭本书之部分或全部内容。
版权所有，侵权必究　　举报电话：010-62752024
　　　　　　　　　　　　电子邮箱：fd@pup.pku.edu.cn

前 言

当今世界,现代交通和通信技术的迅猛发展使得人类居住的地球越来越小,不同国家、不同区域、不同民族的交往越来越频繁,这已成为我们这个时代的一个突出特点。

对于来自不同国家、具有不同文化背景的人而言,仅有语言知识已难以实现有效的跨文化交际。不同区域、不同民族之间的交流中存在的障碍已充分证明了这一点。因此,有必要更多地了解交际对方的历史传统、生活方式、思维方式、价值观念、性格特征等文化深层次的内容已经成为人们的共识。

《俄罗斯文化阅读》是一本面向俄语专业高年级本科生或具有同样俄语水平读者的俄文阅读教材,旨在帮助读者了解俄罗斯文化,提高俄语水平,增强跨文化交际能力。全书包括六个章节:1. 俄罗斯人的生活习性;2. 俄罗斯的历史名人;3. 俄罗斯文化传统;4. 俄罗斯的圣像画;5. 俄罗斯人性格;6. 俄罗斯人眼中的中国。每个章节均由前言、选文、注释、习题四个部分组成。部分章节附有补充文章、配有图片。

视角独特、选题深刻、内容丰富是这本教材最突出的特点,我们力求以生动的形式展示俄罗斯民族的文化传统、宗教、行为方式、历史人文,解读俄罗斯民族特有的性格和内心世界,为读者奉献一本有益的文化阅读教材。

目 录

Русский быт 俄罗斯人的生活习性 ... 1
Предисловие / 1
Типичная русская квартира / 1
Русская кухня / 3
«Милости прошу к нашему шалашу...» / 6
Веселие Руси есть пити, не можем без того быти / 8
Семейные отношения в России / 11
Стиль поведения и манеры русских / 14
Приметы, суеверия, предрассудки / 16
О «кукише с маслом» и других жестах / 19

Исторические знаменитости 俄罗斯历史名人 ... 21
Предисловие / 21
Георгий Константинович Жуков (1896—1974 гг.) / 21
    Символ русской надежды / 21
Никита Сергеевич Хрущёв (1894—1971 гг.) / 25
    Никита Хрущёв – глазами дочери / 25
    Коллективное руководство началось со лжи / 25
    И стал он пенсионером... / 26
Леонид Ильич Брежнев (1906—1982 гг.) / 33
    Малоизвестный Л. И. / 33
Андрей Дмитриевич Сахаров / 36
    Были и небыли об академике Сахарове / 36
Дмитрий Сергеевич Лихачёв (1906—1999 гг.) / 40
    Совесть и голос русской интеллигенции / 40
    1. Единство и разнообразие русской культуры / 42
    2. Национальная открытость и консерватизм / 44
Российские императрицы / 47
    Краткая историко-хронологическая справка / 47
    Императрица Екатерина I / 47
    Анна Иоанновна / 48
    Елизавета Петровна / 49
    Императрица Екатерина II / 51

俄罗斯文化阅读

Исторические реалии 俄罗斯文化传统 · 54

Предисловие / 54

Дуэль в истории России / 54

    Тема дуэли в прозе А. С. Пушкина / 58

    «Выстрел»(отрывки из повести) / 59

    Смерь Пушкина / 61

Из истории российского меценатства / 62

Душа обязана трудиться (О культуре русской усадьбы) / 67

Русские иконы 俄罗斯圣像画 · 72

Предисловие / 72

Храм и иконостас / 72

Построение иконостаса / 75

Схема классического иконостаса / 77

Символика иконы / 78

Спас нерукотворный / 80

Богородица / 82

Иконы святых / 84

Святой Николай / 86

Святой Сергий / 88

Святая Татьяна / 90

Святой Георгий / 91

Двунадесятые праздники / 92

Рождение Пресвятой Богородицы / 93

Введение во храм Пресвятой Богородицы / 94

Благовещение / 95

Рождество Христово / 96

Сретение / 97

Крещение Господне / 98

Преображение / 99

Вход Господень в Иерусалим / 100

Вознесение / 101

Святая Троица / 102

Воздвижение Креста Господня / 104

Успение Богородицы / 106

Русский характер 俄罗斯人性格 · 107

Предисловие / 107

Умом Россию не понять / 108

Русский человек в интерьере своей истории и географии / 112

Парадоксы русской души / 119

Будущее из трёх корней / 127
10 признаков россиянина / 128

Китай в глазах русских 俄罗斯人眼中的中国 130
Вместо предисловия / 130
Когда страна смотрит в будущее / 130
    Некоторые впечатления и размышления / 131
Китай: 20 лет и ни одного 17 августа / 133
Ветер с Востока / 137
В Китае – два кумира: Павка Корчагин и Билл Гейтс / 140
Познать Китай до конца невозможно / 143

俄罗斯人的生活习性

Русский быт

Предисловие

Часто можно слышать разговоры о «загадочной русской душе», о подчёркнутой духовности русского человека, о том, что можно назвать русским национальным характером. Многие иностранцы, которые интересовались и даже профессионально занимались изучением России и всего с ней связанного, но не сумели в этом разобраться, пришли к выводу, что объект изучения – это нечто особое и что тайну России раскрыть невозможно. Нам кажется, непонимание это со стороны иностранцев идёт большей частью от незнания реалий русской истории и культуры, русской жизни. А можно ли серьёзно рассуждать на эти темы, если не знать простых вещей: что любят русские люди, как они строят семейные отношения, как умеют дружить, как они обустраивают своё жилище, как любят отдыхать, что для них самое важное в жизни, чего они остерегаются и чего боятся больше всего, как они ведут себя в той или иной ситуации, в чём их сила и слабость...

Приблизиться к пониманию проблемы вам поможет наш следующий раздел.

Типичная русская квартира

Что такое типичная русская квартира? Чаще всего в русских городских квартирах нет строгого разделения на спальню, гостиную, кабинет. Это было бы хорошо, да комнат не хватает. Чётко выделяется обычно только детская комната. В самой большой комнате – её можно считать гостиной – нет кроватей, но на диване обычно кто-то из членов семьи спит ночью. Традиционные кровати в русском доме среднего достатка

редки. Из-за тесноты, а также стремясь придать своему жилью более достойный вид, люди чаще всего покупают диван, который ночью раскладывается, а постельное бельё днём убирается в специальный ящик для белья или в шкаф. Такой диван днём украшен

俄罗斯文化阅读

брошенным на него ковром или покрывалом.

Традиционное место сбора русской семьи – это кухня, особенно если она большая. Здесь люди проводят немало свободного времени, здесь иногда принимают гостей, если это близкие люди, друзья или родственники. Обычно здесь, как и в большой комнате, есть телефон и маленький телевизор, висят декоративные украшения или даже картины – на кухне не только готовят еду, здесь живут! Однако здесь вы редко увидите машину для мойки посуды, микроволновую печь или кухонный комбайн – всё-таки для среднего русского это предметы роскоши. Хотя стиральная машина и холодильник есть непременно в каждой работающей семье.

> **Кухонный комбайн** – это набор механизмов для кухни. 多功能食物搅拌机。

У русских традиционно самое важное место в доме занимают книжные полки и шкафы с книгами. Книги в доме – это показатель культуры семьи, да и вообще отношение к книгам в России традиционно уважительное. Это отличает русские дома от европейских, где на видное место выставляются другие объекты материальной культуры. В русском доме книги – это марка дома, которая при первом же взгляде даёт большую информацию о вкусах и интересах жильцов: кто они по профессии, интересуются ли искусством и в какой степени, какое у них хобби, как они проводят свой досуг, знают ли иностранные языки. И о многом другом скажут вам книги без лишних вопросов.

В отличие от многих других стран в России даже в весьма небогатом доме вы увидите ковры. Русские очень любят ковры и при этом не только кладут их на пол, но и развешивают по стенам – обычно около дивана или кровати. Это придаёт русскому дому несколько восточный колорит. Считается, что с коврами теплее и уютнее.

Раньше в русском доме в большой комнате в «красном» углу (напротив двери) всегда висела икона. Сейчас это скорее просто дань моде: в редкой квартире вы не увидите икону на стене или на полке рядом с книгами, хотя в квартире может и не быть верующих людей.

Если вы приглашены в русский дом среднего достатка, то вам может броситься в глаза обилие множества мелких вещей, комнатных цветов на подоконниках или специальных столиках, всякие салфетки и скатерти, фотографии и картины на стенах, вазочки и прочие мелкие вещи, хранящие память о событиях и людях сентиментальные сувениры. В квартире небогатого россиянина обычно чисто, но беспорядочное обилие мелочей создаёт впечатление излишества, переполненности, хаотичности, может быть, даже неубранности в доме. Таков стиль настоящего русского дома.

Главное же, что ценится в русском доме – это уют, т.е. тёплая атмосфера, делающая приятной и психологически комфортной жизнь даже в скромном жилище.

Вопросы и задания

1. Какую функцию играет кухня в обыкновенной семье русских?
2. Какое место занимают книги в русском доме?
3. Что любят делать русские с коврами? Почему?
4. Знаете ли вы русскую пословицу «Не красна изба углами, а красна пирогами»? В чём смысл этой пословицы?
5. Чем объясняется мода вешать икону в квартире в настоящее время в России?
6. В чём заключается стиль настоящего русского дома?

Русская кухня

Порою кухня говорит о народе больше, чем слова национального гимна. Самый короткий путь к пониманию чужой культуры (как и к сердцу мужчины) лежит через желудок. С уверенностью можно сказать, что настоящая русская кухня в большинстве других стран неизвестна. Как говорят острословы, запад до сих пор не разобрался в загадочной русской душе, потому что не распробовал настоящей русской кухни.

Русская кухня занимает в системе национальной жизни несколько иное место, чем у других народов. В ней иные акценты, иные ценности. Очень большое внимание русские уделяют даже не столько тонкостям рецепта приготовления, сколько качеству исходного продукта.

Надо знать, что русская кухня основывается не на искусстве, а на традициях, на обычаях, поэтому кушанья в ней более просты и рациональны.

Главное, чем славится русская кухня, – это обилие разнообразных закусок, которые предваряют любой праздничный обед. Русские придают огромное значение обилию на столе: всего должно быть много, чтобы был выбор, чтобы глаза разбегались от яркого разноцветия и богатства. Это и рыбные ассорти, и мясные, и специальные соленья с пряностями, и тысячи видов и сортов салатов, и многое другое... Есть салаты традиционные, повторяющиеся в любом ресторане и в каждом доме, как, например, салат «Оливье» (за границей его называют «Русский»). Но у каждой русской хозяйки обязательно есть свой «фирменный» рецепт салата, которым она гордится и держит в тайне. Именно невиданный репертуар закусок, а также неслыханный перечень супов делают кухню России такой богатой и разнообразной.

Характерна для русской кухни и каша – одно из древнейших блюд, которое было известно ещё скифам в V в. до н. э. Но и сейчас россияне не утратили своей привязанности к этой простой и полезной еде: «Что за обед, если каши нет?», «Хороша кашка, да мала чашка». Каши готовят из самых разнообразных продуктов растительного происхождения: манки, риса, гречки, пшена, кукурузы, тыквы и др. В зависимости от вкуса они могут быть или на молоке, или с добавлением сушёных фруктов, или чуть подсоленые и обильно сдобренные маслом, потому что «Кашу маслом не испортишь». Причём эта народная

«Оливье» – это название салата, сделанного из колбасы, яйца отварного, гороха, моркови, соленого огурца, лука с майонезом. «Оливье», «Селёдка под шубой» (тоже название салата) и мандарины считались обязательным новогоднего застолья. Кроме того, новогодняя ночь в России, как правило, сопровождается ещё показом по телевизору фильма «Ирония судьбы». 一种沙拉菜的名称。由火腿、鸡蛋、豌豆、胡萝卜、腌黄瓜和洋葱配制而成。"奥利维"沙拉、"鲱鱼盖被"沙拉和桔子是俄罗斯新年餐桌上必备的三种传统食物。此外，新年之夜，播放经典影片《命运的嘲弄》也成为俄罗斯电视台的传统节目。

Скифы – название древних ираноязычных племён, населявших Северное Причерноморье в VII в. до н. э. — III в. н. э. 西徐利亚人，斯基泰人，公元前7世纪至公元3世纪居住在黑海北岸的操伊朗语的古老部落。

Кашу маслом не испортишь (пословица) – хорошего не бывает слишком много. 好东西不怕多；好东西多多益善。

мудрость настолько универсальна, что применяется к другим ситуациям, когда человек хочет сказать, что «хорошего не бывает много». Часто каши едят на завтрак. Это дешёвая, практичная, быстрая в приготовлении, вегетарианская, сытная и полезная еда.

В ежедневном рационе россиянина очень много мучных изделий, особенно хлеба. Хлеб в России выпекается из пшеницы и ржи с разными добавками, он необыкновенно вкусен и душист. Не случайно россияне везут за границу в качестве подарка своим соотечественникам не дорогие сувениры, а свой «чёрный» ароматный хлеб как «привет с родины»: нигде нет ничего похожего. Традиционно россияне испытывают огромное уважение к этому продукту: «Хлеб – всему голова». Ребёнка с детства приучают есть любую еду с хлебом, потому что «в нём – сила». Россиянам с детства прививают уважительное и бережное отношение к этому продукту, а если выбрасывают испорченный хлеб, то это считается «грехом», и детей за это наказывают.

Доказательством уважительного отношения россиян к хлебу может служить красивая история бородинского хлеба. Бородинский хлеб – любимый у россиян. Его аппетитная корочка посыпана кориандром, у него пряный запах и сладковатый вкус. Рецепт этого хлеба в общем-то известен, его можно найти даже на сайте Интернета. Но есть секрет, как обращаться с капризным тестом, которое вызревает три дня! Минутой больше, минутой меньше – и уже получится не бородинский, а другой хлеб. Рецепт его изготовления придумала монахиня одного из подмосковных монастырей, в миру Маргарита Тучкова, жена блестящего молодого генерала Александра Тучкова. Он трагически погиб в бою с французами на Бородинском поле, на исходе лета – 26 августа 1812 г. Его героическое поведение описано в романе «Война и мир» Л. Толстого в образе Андрея Болконского. Жена не смогла смириться с гибелью мужа, оставила свет и ушла в монастырь. Там она и создала рецепт бородинского хлеба; это был поминальный хлеб – в память о всех героях России, погибших в бою с армией Наполеона.

Кроме того, у россиян очень популярны пельмени. И конечно, в каждой русской семье готовят борщ (это блюдо пришло с Украины) или щи. Традиционно «вторым» блюдом на обед для россиян являются котлеты разнообразных сортов и конфигураций.

А в качестве десерта русские очень любят чай, совсем не обязательно из рекламного самовара, но обязательно – крепкий, душистый и в больших количествах. В чай можно добавить лимон, и от этого он станет ещё более душистым. Молоко или сливки добавляют очень редко. По-русски чаем нужно обязательно запивать что-то, поэтому на столе должны быть сладости: торт, пирожные, конфеты, варенье, мёд и т. д. Чаепитие для русских – это приятная процедура, отдых. Заметим, что русские – большие сладкоежки, именно это и объясняет их традицию ходить в гости с тортом или конфетами: они уверены, что такой подарок вызовет восторг хозяев.

Надо отметить, что русские вообще любят есть много и сытно. Из русской классической литературы известно, что предки русских в давние времена были настоящими гурманами. Конечно, в целом эти традиции не очень полезны для поддержания юношеской стройности. Среди русских очень много полных, особенно среди женщин среднего и пожилого возраста.

Плохо это или хорошо? Не забудем про холодные российские зимы, когда организм человека затрачивает много энергии. Русские

Оставить свет – оставить мир, жить уединённо.
出家，与世隔绝。

довольно снисходительно относятся к крупным габаритам своих соотечественников, не почитают особым злом «пышные формы», особенно у дам. А дама, по понятиям «среднего» россиянина, не должна быть худой, если у неё нет болезни и она не отличается злым нравом. В голове у русского закреплён давний стереотип: «Худой – значит плохой, слабый», а мужчине не к лицу быть слабым.

В целом, сравнивая русскую кухню с некоторыми другими, нужно отметить, что русская кухня, возможно, не отличается тонкостью, изысканностью или разнообразием, она не возведена в ранг искусства, как в некоторых странах. Её предназначение функциональное: во-первых, утолить голод, во-вторых, быть материальной базой для создания ценности нематериальной, но по русским понятиям не менее важной – атмосферы общения, тёплой и живой. Церемонные европейские обеды, когда всё внимание людей поглощено вкусом еды и питья, так что им не до разговоров, кажутся русским скучными и бессмысленными.

Возможно, русские предпочитают развивать свою творческую фантазию не столько в кулинарии, сколько в других областях. Таковы их традиции, и это нужно принять.

Вопросы и задания

1. Что характерно для русского праздничного стола?
2. Чем отличается каша русской кухни от каши китайской кухни?
3. Как русские относятся к хлебу?
4. Какая легенда существует о происхождении бородинского хлеба?
5. Что вы знаете о русском чаепитии?
6. Чем объясняется снисходительное отношение россиян к крупным габаритам?
7. Чему россияне придают особое значение за столом?

«Милости прошу к нашему шалашу...»

Общеизвестно русское гостеприимство. Это понятие столь важно для русской культуры, что в русском языке оно обозначается сразу тремя словами: гостеприимство, радушие, хлебосольство. Эти три слова обозначают качества хотя и близкие, но всё же не совсем одинаковые.

Радушие указывает в первую очередь на любезность и особую приветливость по отношению к гостям. Хозяин обязан угостить своего гостя всем самым лучшим, что есть в доме. В слове «гостеприимство» на первом плане – готовность человека впустить чужого в свой дом или даже предоставить ему кров. Для гостеприимного человека его дом – не крепость, а место, куда он рад пригласить гостей. И гость для него – радость в любой ситуации. Хлебосольство – наиболее специфическое русское качество, а само слово возникло от сочетания слов «хлеб» и «соль» – основы каждодневной жизни. Хлебосольный хозяин любит угощать своих гостей, искренне радуясь, что они едят много и с удовольствием. Угощения на его столе должны быть разнообразны и многочисленны. Отсутствие хлебосольства осуждается самими русскими, потому что по русской традиции «За пустой стол гостей не сажают».

Россияне отличаются тем, что любят не только принимать гостей, но и сами ходить в гости. Чаще в гости приглашают мужа и жену. С детьми приглашают только близких родственников или на дни рождения детей. Приглашения обычно следуют в устной форме. Письменные приглашения – только на свадьбу или в дни особенно торжественных юбилеев.

Если вы спросите того, кто вас приглашает, что с собой принести, то можете услышать ответ: «Ничего не нужно. Приходите сами». Не принимайте эти вежливые слова буквально. Помните, если вы что-то принесёте (конфеты, торт, шоколад, бутылку вина), то вам будут очень благодарны. Всё съестное, что приносят гости, обычно хозяева сразу выставляют на стол.

В гости хорошо приходить к назначенному времени, но и опоздание на полчаса считается нормальным. Нормально и то, что в таком случае опоздавшего гостя долго не ждут, все сядут за стол. Ведь «Семеро одного не ждут».

Уходят же из гостей вместе или по очереди – в зависимости от того, сколько времени потребуется на дорогу. Русские не засиживаются в гостях долго, понимая, что хозяева устали, что метро может закрыться, а такси дорого. Хозяева после кофе или чая могут вас уговаривать: «Посидите с нами ещё», «Куда вы так спешите?». Как правило, это просто вежливая формула, ритуал, демонстрация чувств.

Интересно, что русские могут прийти в гости без предварительной договорённости, по-русски это называется «забежать на огонёк». Не пугайтесь, это совсем не значит, что незваные гости будут ходить к вам день и ночь, мешая жить своей жизнью. Такое отсутствие условностей – знак близких дружеских отношений. Поэтому не спешите осуждать такую форму общения. Ведь если всё-таки вы удостоились такой чести, значит вы заслужили искреннюю расположенность и вызвали к себе такое доверие, когда лишние церемонии становятся не нужны.

И ещё важно помнить, что в каждом случае визита или приёма гостей русские ценят не столько изысканность еды или тонкость вин, сколько особую, тёплую атмосферу общения. И если вы хотите организовать вечер или приём с участием россиян, то этому аспекту следует уделить особое внимание – иначе все ваши усилия могут пропасть даром.

Вопросы и задания

1. О чём говорит русская пословица «За пустой стол гостей не сажают»?
2. Чем различаются гостеприимство, радушие и хлебосольство?
3. Как принято вести себя, когда приходят к русским в гости?
4. Когда употребляется поговорка «Семеро одного не ждут»?
5. Что значит «забежать на огонёк»?

Веселие Руси есть пити, не можем без того быти

Любовь к горячительным напиткам в России общеизвестна и традиционна. Кстати, в России нет традиции опрокидывать рюмки или стопки вверх дном. Если вы это сделаете, то, скорее всего, удивите хозяина. Рюмку, действительно, принято пить до дна, но только в том случае, если был произнесён отличный и эмоциональный тост, идею которого вы полностью поддерживаете. Выпивая рюмку до дна после такого тоста, вы как бы ему «аплодируете». Такая традиция – знак солидарности, духа товарищества, доверия за столом. Своим действием вы как бы вовлекаетесь в типичную для русского застолья атмосферу веселья и братства.

Предположим, что вам предстоит участвовать в беседе, в котором вам придется выпить водки: всё-таки водка – это национальный продукт, и угощающие вас будут правы, настаивая, чтобы вы его попробовали и оценили. Гости сразу садятся за стол, на котором по традиции все напитки выставлены одновременно: водка (разных сортов), коньяк, сухие белые и красные вина, сладкие напитки «для дам» типа ликеров или порто, а также минеральная и фруктовая вода. Стол должен быть обилен, а для удобства представлено всё, что есть в доме, чтобы лишний раз не бегать на кухню за новой бутылкой, беспокоя хозяйку дома. Ведь она и так немало потрудилась, готовя для вас ужин, устала, и теперь имеет право сидеть рядом с вами и наслаждаться общением, не пропуская ничего из вашего разговора и сама активно участвуя в нем. После всех трудов ей не захочется курсировать туда – сюда. Она как бы даёт вам возможность справляться со своими проблемами за столом самостоятельно. Нам представляется, что этот обычай – отражение бытового демократизма русских.

Итак, на столе большое количество самых разных бутылок. Если обед связан с каким-то торжеством, то первым делом открывают шампанское: оно у россиян очень популярно. Строгого ритуала – что пить и чем закусывать в русских традициях нет, однако в начале обеда обычно подают острые и солёные закуски, которые, как показывает практика, лучше всего «идут» под водку. Хотя вы можете попросить себе и что-то другое.

Манера есть и пить «по-русски» отличается от среднеевропейской. Прежде всего, здесь нет чёткой смены блюд. Обычно закуски, салаты и проч., как и напитки, сразу выставляются на стол. Первая фаза застолья – до «горячего» (обычно это «фирменное» блюдо, которым гордится хозяйка).

> **Веселие Руси есть пити, не можем без того быти** (высказывание, приписываемое киевскому князю Владимиру) – ни одно важное событие на Руси не обходится без употребления спиртных напитков. 基辅大公弗拉基米尔的一句名言，指在罗斯任何重大事件都离不开酒。
>
> **Порто** – имя вина, которое производят в Португалии в месте под названием «Порто». 波尔图，以葡萄牙产地命名的葡萄酒。

Русский быт

После «горячего» следует чай или кофе одновременно с десертом: пироги, торт, пирожные, конфеты и т.д.

Стол с гостями не обходится без тостов. Эта традиция была заимствована из Грузии, которая вошла в состав Российской империи в 1801 г. Именно там искусство произнесения пышных, поэтических, полных философского смысла тостов достигло высокого расцвета и постепенно проникло в культурные традиции русского дворянства.

В советские времена эта традиция получила всеобщее распространение, и уже не осознавалась как грузинская, а превратилась в стереотип поведения за русским столом, в стереотип российской жизни.

Обычно в русском застолье есть ведущий (не обязательно хозяин), который знает всех, он друг дома, отличается находчивостью и остроумием. Таких людей называют грузинским словом «тамада». Он произносит тосты или даёт для них слово гостям. Впрочем, чёткого порядка здесь нет, каждый может поднять бокал с какими-то пожеланиями.

Наверное, вначале хозяева предложат тост за гостей: «Давайте выпьем за здоровье нашего гостя!»... Все после тоста чокаются между собой. Произносящий тост должен встать. Перед каждым тостом в рюмки наливается (доливается до края) вино. Иногда даже нечаянно переливают через край, и тогда все смеются: «Вот так сильно уважает!» В конце обеда или ужина принято произнести тост за здоровье хозяев – в благодарность за приглашение и обед, и за их гостеприимство, и за благополучие этого дома, обязательно – за кулинарное мастерство хозяйки и др. Всё зависит от состава компании и атмосферы застолья.

Надо быть готовым к такому повороту событий, когда и вам, скорее всего, придется поднять тост. Он может быть коротким и произноситься на любом языке (если есть переводчик). Вы вызовете у русских восхищение, если сделаете попытку произнести тост по-русски: «За здоровье (всех присутствующих)», «За нашу встречу», «За взаимопонимание», «За наше общее дело» и т.п. Русские очень оценят тосты «За дружбу» или «За любовь». Застолье превращается как бы в словесный турнир, где участники состязаются в том, кто скажет лучше, остроумнее, точнее выразит общее настроение.

Чем лучше тост, тем дружнее все будут пить «до дна». Именно эта сторона русского застолья с её атмосферой веселого общения более всего ценится самими русскими, подчас даже больше, чем любые кулинарные ощущения и переживания. Ведь для них «Не дорог сам обед, а дорог – привет». В принципе, ценность любого обеда для русских состоит в том, что наряду с утолением голода происходит ещё и общение в соответствии с народной поговоркой: «Хлеб-соль кушай, а умные речи слушай!».

Водку русские действительно пьют «залпом», сразу и до дна. Но такой стереотип поведения идёт скорее не от жадности, не от желания как можно поскорее напиться до потери сознания. Нет, в такой манере пить водку они находят особое удовольствие. Чтобы убедиться в этом, потренируйтесь у себя дома. Приготовьте маленькую рюмку ледяной водки: для этого нужно некоторое время подержать бутылку в морозильной камере, и тогда сама бутылка покроется инеем, а водка станет густой, как ликёр

и лишится своего резкого запаха. Выпейте «залпом» маленькую рюмку ледяной водки и сразу, не теряя ни секунды, закусите её острой закуской или горячим блюдом. Помимо приятных ощущений, вы убедитесь, что не сразу пьянеете, а только становитесь всё веселее. А вот если вы будете пить «на западный манер», т. е. по глоточку отпивать тёплую водку, то у вас непременно останутся неприятные ощущения: быстрое опьянение, тяжёлая голова и т.д. Кстати, ничего более отвратительного по вкусу, чем тёплая водка, русский себе и представить не может!

На этот счёт даже существует анекдот: «Начальник хочет отправить своего работника в отпуск, но в самое неблагоприятное – зимнее время. Чтобы тот согласился, он задаёт ему вопросы: «Слушай, ты любишь потных женщин?» «Да нет! Что я с ума сошёл?..» «А тёплую водку?» «Фу, какая гадость!». «Вот и отлично! Пойдёшь в отпуск в феврале!...»

Вопросы и задания

1. Чем богат русский праздничный стол?
2. В каком обычае проявляется бытовой демократизм русских? Чем это объясняется?
3. Русское застолье не обходится без тостов. Как сформировалась у русских эта традиция?
4. В каких случаях русские предпочитают пить до дна?

Семейные отношения в России

Среди самых важных традиционных ценностей для русского человека главная – семья. На втором месте по ценности здоровье, и только после этого упоминаются такие вещи, как деньги, работа, дом и прочие атрибуты благополучия. Значит, превыше всего ценится теплота семейных отношений и родственных уз.

Русская семья – явление для иностранцев в некоторой степени необычное. Здесь многое может удивлять. Во-первых, в брак в России вступают гораздо раньше, чем во многих странах Европы: к 25 годам девушки обычно замужем, часто за своими сверстниками, и уже имеют ребёнка.

Во-вторых, для русского человека понятие «семьи» более широкое, чем у европейцев, и включает в себя не только жену и детей, но и родителей, братьев, сестёр, бабушек и дедушек (особенно если они живут вместе).

В-третьих, система совместного проживания пары без официальной регистрации отношений, столь привычная на Западе, пока ещё не очень популярна, хоть и входит постепенно в российский быт.

В-четвёртых, у русских особое отношение к детям. Каждый иностранец, посетивший русский дом, сможет убедиться, что дети там находятся в центре внимания: их будут целовать, восхищаться ими, или не менее темпераментно их ругать и «воспитывать». Дети будут одеты в самое лучшее, их кормят самым лучшим, ими гордятся. Чтобы завязать беседу, достаточно просто спросить, как дети учатся, в какой школе, каковы их успехи, чем они увлекаются и т. п. Всё это бесконечно важно для каждого русского родителя. Поэтому не удивляйтесь, если русские будут расспрашивать вас о ваших детях. Они будут делать это не из простого любопытства, а просто желая сломать лёд отчуждения, выразить таким образом своё расположение и человеческий интерес к вам. Они уверены, что эта тема вас волнует так же, как их самих.

Чувствуя себя «центром вселенной», дети часто капризны и избалованы, тем более, что очень часто в российской семье этот ребёнок единственный.

Есть несколько причин того, почему сложилась и развивается традиция такого отношения к детям. Одна из них – это то, что на протяжении уже многих столетий практически ни одной семье не удалось избежать трагических событий, потрясений. В генетической памяти русского сложился такой стереотип: «Да, моя жизнь была трудна. Так пусть хотя бы дети мои будут счастливее, чем я». Поэтому жизнь детей каждый родитель подсознательно старается сделать более лёгкой, комфортной, красивой. Даже когда ребёнок вырастает, родители по инерции продолжают оберегать его от проблем реальной жизни. В любом возрасте. Более того, русских приводят в ужас рассказы о том, что в Америке или Европе дети, достигнув совершеннолетия, уходят из семьи и ведут самостоятельную жизнь, не посвящая в неё родителей.

«Патриархальный», или, строго говоря, традиционный семейный уклад, – часть образа жизни русских. В условиях всеобщей бедности и хронического жилищного кризиса в одной комнате или тесной квартире были вынуждены жить рядом представители даже не двух, а трёх поколений одной семьи. Привычка к скученности и тесноте, спокойное отношение к отсутствию того, что американцы называют «privacy», как ни парадоксально звучит – только укрепляло в России семейные узы. Люди научились воспринимать их не столько как оковы или помеху для личной свободы, сколько наоборот – как «тылы», как гарантию от одиночества, как теплоту родительского гнезда: «Когда семья в куче – не страшны тучи!».

Ещё более «патриархальными» представляются для многих европейцев традиционные отношения в русских семьях между мужем и женой. Начиная с XVI в., в России организацию семейных отношений определял «Домострой» – свод житейских правил и наставлений, который защищал принципы патриархального быта и абсолютную власть главы семьи – мужчины, отца семейства. Сейчас слово «домострой» употребляется самими русскими в ироническом ключе – по отношению к семейству, где властный муж диктует порядок жизни для всех членов семьи. В своей крайней форме, конечно, такие порядки уже уходят в прошлое, хотя и не исчезли полностью. Иронизировать можно сколько угодно, но каждый, даже самый «продвинутый» и современный человек, не может не понимать, что господство идеологии «Домостроя» в течение 400 лет не могло пройти бесследно.

Описывая в общих чертах современную российскую семью, уточним: речь пойдёт о городской семье (90% населения России – горожане). Сейчас традиционная средняя семья – это мать, отец и один ребёнок (33%).

По традиции первой в доме встаёт жена, готовит завтрак всей семье. На ней же лежит забота по дому: стирка, уборка, мытьё посуды, приготовление еды, проверка выполнения ребёнком домашних заданий и многое другое. «Хозяйка в дому – что пчела в саду», т. е. она должна трудиться «как пчела», не покладая рук и заботиться о каждом из членов семьи. Она – мать, и этим всё сказано...

Для русских мужчин считается нормальным некоторая физическая помощь жене: они ходят в магазин, особенно если предстоит большая покупка или нужно принести что-то тяжёлое. Иногда муж помогает жене в уборке квартиры (по субботам), например, пылесосит или гуляет с детьми. А вот мыть посуду, готовить обед или стирать бельё (хотя теперь почти в каждой семье есть стиральная машина) – считается «немужским занятием», и этого они всячески избегают.

Вообще для российского сознания считается неприемлемым, если мужчина занимается «немужским делом», слишком явно или охотно подчиняется жене, или у него чрезмерно мягкий характер, нет мужской жёсткости. Такого человека называют «бесхарактерным» или «подкаблучником», а могут выразиться и ещё более жёстко – «тряпка». Настоящий мужчина – это «мужик» (но не в крестьянском смысле), который по своей внутренней силе и независимости имеет на всё свой собственный взгляд, человек сильный и властный. Вот таких уважают!

В рамках семейных отношений в России сохраняется устойчивая модель: муж должен содержать семью, заботиться о достатке и быть её основой. Можно с определённой долей уверенности утверждать, что традиционно социальная роль мужчины в русской семье – это роль главы семейства, защитника, покровителя, добытчика, кормильца, помощника в тяжёлом физическом труде. А жена должна обязательно рожать детей, заниматься их здоровьем и воспитанием, хранить и беречь семейное тепло, создавать атмосферу любви. Таким образом, завоевать расположение русской женщины можно при условии, если вы ведёте себя как джентльмен, как покровитель и защитник. А идеальный женский образ для «нормального» русского мужчины – это литературный образ «Душечки», героини одноимённого рассказа А.П. Чехова, которая была несколько раз замужем, и каждый раз, пренебрегая своей собственной жизнью и интересами, жила только интересами и занятиями мужа.

Осмелимся утверждать, что русский мужчина хотел бы и дальше главенствовать в семейных отношениях, видеть рядом с собой скромную и покорную спутницу жизни, которая способна пожертвовать ради него своими интересами и согласна жить исключительно интересами семьи. Её главное жизненное предназначение – быть «тылом», где мужчине можно отдохнуть от житейских бурь и волнений, прийти в себя, чтобы назавтра снова быть готовым к бою. Часто женщинам трудно противостоять этим традиционным требованиям. Они пытаются им соответствовать, повторяя судьбы своих матерей и бабушек, заранее обрекая себя на роли второго плана.

Вопросы и задания

1. Как русские относятся к детям?
2. Чем характеризуется традиционный семейный уклад в России?
3. Что вы знаете о «Домострое»? Какое влияние оно оказывает на русскую семейную жизнь?
4. За что русские называют мужчин «тряпкой»?
5. Какой должна быть идеальная жена для «нормального» русского мужчины?

俄罗斯文化阅读

Стиль поведения и манеры русских

Этнокультурные стереотипы – обобщённое представление о поведении и манерах какого-то народа. Они относятся ко всему народу в целом, и вместе с тем характеризуют любого его представителя, задают образ его личности. Сюда можно отнести «немецкую аккуратность», «испанские страсти», «французскую галантность», «русское авось» и т. п. И когда мы наблюдаем за стилем поведения и манерами иностранцев, то нас иногда забавляет и даже порождает подчас чувство удовлетворения от собственной «нормальности» на фоне их «странностей». Стереотипы служат источником предубеждений и предрассудков, когда люди воспринимают другие стереотипы поведения с позиций своей культуры и меряют всё «на свой аршин».

Когда речь заходит о России, то можно услышать самые разнообразные мнения о её народе. Есть, правда, одно, в чём сходятся почти все иностранцы – это загадочность и необъяснимость России и «русской души». Иностранцы часто цитируют Уинстона Черчилля, сказавшего о России: «Это головоломка, обёрнутая в тайну внутри загадки». Конечно, гораздо легче просто отмахнуться, чем попытаться понять характер народа. К тому же, вся эта «загадочность» – не уникальное свойство русской души, а скорее миф, стереотип. Постараемся его развеять.

Установка русских на коллективность, постоянная оглядка на то, «что скажут или подумают о них другие люди», делает поведение людей в общественных местах почти галантным. Мужчины открывают женщинам тяжёлую дверь, могут помочь понести тяжёлый чемодан или сумку, подают руку при выходе из транспорта, детей с детства приучают уступать место в транспорте старикам, инвалидам, беременным женщинам и женщинам с детьми. Бывает, что кто-то в метро не хочет уступать своё место более слабому, тогда он вынужден закрывать глаза, изображая сонную усталость, или впиваться глазами в газету, словом, делать вид, что он не заметил человека, который по неписаным нормам совести имеет большее право на это место, нежели он сам. И надо видеть, как возмущённо и гневно его оглядывают другие пассажиры. Такая сцена может перейти в форму громкого скандала.

Русским непонятна европейская манера «не замечать» что-то неприятное, что не соответствует нормам поведения и морали. Они считают «делом чести» активно вмешаться, прокомментировать, исправить ситуацию. Бездействие в подобной ситуации расценивается как знак трусости, равнодушия и эгоизма, что традиционно в России считается скверными человеческими качествами. Обратите на это внимание, иначе вас просто не поймут, если вы вовремя не подадите даме пальто, или не предложите свою руку при выходе из любого транспорта, не откроете тяжёлую дверь в метро, не попытаетесь поднести её тяжёлую сумку, не говоря о том, чтобы уступить ей своё место и постоять в переполненном вагоне метро. Вам, конечно, ничего не скажут, но в душе сочтут хамом.

Американская, а часто и европейская манера общаться с не вполне близкими людьми на «ты» может шокировать русских. Это они расценивают как недостаток уважительного к себе отношения и невоспитанность.

Как показывают исследования, нарушения

«Русское авось» – свойственная русскому характеру надежда на случайную удачу. 指俄罗斯人寄希望于侥幸成功的性格特点。
Уинстон Черчилль (1864—1965 гг.) – премьер-министр Великобритании в 1940—45 и 1951—55 гг. 温斯顿•丘吉尔（1940—1945年及1951—1955年任英国首相）。

неформальных норм поведения более спокойно воспринимают мужчины. Женщины часто приходят в раздражение – особенно от сальных анекдотов, от грубой речи, от попыток познакомиться с ними на улице или говорить на «ты» безо всяких на то оснований, от вопросов об их возрасте, от опозданий на свидание больше чем на 10 минут, от того, что кто-то громко сморкается или не стесняется зевать и пользоваться зубочисткой на глазах у публики.

И вместе с тем было бы неправильно считать, что все до единого русские галантны и воспитаны, как английские лорды. Просто у них другая «воспитанность».

Иностранцы обращают внимание на то, что русские часто в случае неудачи повторяют слово «ничего». Этим словом они пытаются как бы утешить своё (или близкого человека) разочарование, печаль или скрыть растерянность перед внезапно свалившейся проблемой. Утешение «ничего» можно оценить и как черту национального характера: умение признать тщетность своих планов, скромная оценка своей деятельности, желание оправдать свою пассивность, отказ от упрямой настойчивости, готовность смириться с неудачей. Это слово – ключ к русскому характеру.

И ещё одна особенность поведения русского человека, на которую все обращают внимание, – это общительность. Русские очень любят собираться в компании и сообща обсуждать не только производственные, но и личные вопросы. Они не выносят одиночества, воспринимают его как наказание за какие-то ошибочные действия. Будьте готовы, что в любом месте (в транспорте, на улице и т. д.) к вам может подойти незнакомый человек и заговорить на любую тему, безо всяких барьеров и социальных предрассудков.

Вопросы и задания

1. Что, по мнению автора, заставляет русских быть галантными в общественных местах?
2. Какое поведение может привести русских в раздражение и даже шок?
3. Какие значения имеет слово «ничего» в русской речи?
4. В чём проявляется общительность поведения русских?

俄罗斯文化阅读

Приметы, суеверия, предрассудки

Знание примет, суеверий и предрассудков, присущих русским, позволит вам легче «войти» в русскую жизнь и не задавать лишних, а иногда и бестактных вопросов.

Надо признать, что русские очень суеверны, и эта их черта, вероятно, унаследована ещё от языческих предков. Почему? Тут, наверное, нужно вспомнить особенности природы, сурового климата, историю страны, византийскую склонность русских к мистике. Очень многое идёт от веры людей в тёмные силы, в чертовщину, которая может нарушить их планы, вмешаться в нормальный ход жизни.

Приметам можно верить или не верить, но и по сей день они много значат, придавая российской жизни особый колорит.

Например, вы пришли в гости, хозяева открывают дверь. Вы протягиваете руку для приветствия, а они с улыбкой говорят: «Нет, нет, через порог нельзя», вводят вас в квартиру и только потом здороваются. Если для французов самый тяжёлый день пятница 13-го числа, то для русских – понедельник, тем более 13-го числа. Этому есть физиологическое объяснение: после отдыха и расслабления в выходные дни организм с трудом перестраивается на рабочий ритм.

Но знаете ли вы о том, что в понедельник россияне стараются не начинать серьёзные и важные дела? В этот день они долго «раскачиваются»: врачи стараются не назначать сложные операции, капитан постарается не выводить корабль в море, бизнесмены попытаются перенести подписание договора на вторник. В этот день стараются не давать деньги в долг, не начинают нового предприятия.

До сих пор многие русские боятся «дурного глаза» (отсюда «сглазить») и для защиты от него носят крест на теле или булавки в швах одежды.

Часто русские боятся испугать и прогневить судьбу, боятся чужой зависти и т. д. Если вдруг русский человек рассказывает о замечательных планах на будущее или о своей неожиданной удаче, или о том, что «у него нет проблем», то он скорее всего из страха «сглазить» своё благополучие постучит по деревяшке или три раза плюнет через левое плечо. Три раза он плюнет и в том случае, если нечаянно просыпал соль (это знак будущей ссоры).

А если вы забыли дома что-то, не побоитесь ли вы вернуться назад за забытой вещью? Русский постарается этого не делать, иначе «пути не будет», а если всё-таки придётся вернуться, то войдя в дом он обязательно посмотрит на себя в зеркало и постучит по деревяшке. Посмеиваясь над собой, он всё-таки подумает: «А чем чёрт не шутит…». Этот же подсознательный страх заставит обойти стороной чёрную кошку, а если это невозможно, то лучше плюнуть три раза через левое плечо. Говорят, что такая мера тоже «помогает». Вообще, этот обычай – плюнуть три раза – вы будете

«Нет, нет, через порог нельзя» – нежелательно в России здороваться через порог. Порог в данном случае выступает как граница «своего» и «чужого» пространств, эталоном же «чужого» пространства является царство мёртвых, что объясняет запрет контактов с человеком из «чужого» пространства. 在俄罗斯，门槛被认为是阴阳世界的分界线。通常，人们不站在门槛问好，认为这不吉利。

А чем чёрт не шутит… (поговорка) – всякое может случится, даже самое непредвиденное. （俗语）什么事都可能发生，即便是最出乎预料的。

Чёрная кошка – символ несчастья в представлениях русских. 在俄罗斯人的观念里，黑猫是不祥之兆。

Русский быт

наблюдать очень часто: чтобы плохого не случилось, чтобы не «сглазить» кого-нибудь...

Многие приметы связаны с правой или левой стороной. Левая сторона считается у русских счастливой, правая – несчастливой: зачесался левый глаз – к радости, зачесался правый – к слезам. Чешется левая рука – получать деньги, а вот если правая – значит, придётся их отдавать. Споткнулся на левую ногу – к будущей удаче, на правую – к неудаче.

Много предрассудков связано с цифрами. Число 13 («чёртова дюжина») в России, как и во многих других странах, считается несчастливым. А вот цифра 7 считалась особенной. Сохранились многие пословицы с этой цифрой: говорят, «Семеро одного не ждут», если один гость запаздывает, а все садятся за стол без него. Если вы хотите сказать, что не стоит спешить, а всё надо делать обдуманно и обстоятельно, то на этот случай есть пословица «Семь раз отмерь, один раз отрежь».

Особенная цифра – 3. Объяснение этому ищите в объективной тройственности явлений – длина, ширина, высота; прошлое, настоящее, будущее; в христианской религии – триединое божество. Многие русские поговорки упоминают эту цифру: «Заблудился в трёх соснах» можно сказать о человеке, который запутался в самых простых вопросах. «Гнать в три шеи» – увольнять с работы или со скандалом выгонять человека из своего дома.

Вообще, магия чисел – вещь для русских особая. Не удивляйтесь, если вы увидите человека в транспорте, который купил талончик на проезд и внимательно всматривается в него, что-то пересчитывая про себя. Откроем по секрету, что ему нужна сегодня удача, шанс, счастливое стечение обстоятельств. А помогает, по мнению знатоков, магия цифр: сумма первых трёх цифр должна совпасть с суммой вторых трёх. Жаль только, что «счастливый билетик» нужно обязательно съесть, чтобы гарантировать удачу, а это, понятно, может повлечь за собой последствия для желудка и для кошелька, если контролёр захочет проверить наличие билета.

Забавно, что даже образованные люди, если и не верят всем этим «бабушкиным сказкам», тем не менее хорошо их знают. Смеются над собой или над другими людьми, но «на всякий случай» плюют три раза через левое плечо или стучат по деревяшке и считают цифры на билете.

Удача ждёт человека, оказавшегося в какой-либо ситуации между людьми с одним и тем же именем. А если во время встречи или телефонного разговора вы не узнали кого-то по голосу, то можете сказать в шутку: «О, богатым скоро будете!». Все понимают, что это шутка, но приятная.

Как бы вы ни были музыкальны, постарайтесь не свистеть в доме, в офисе или в машине, особенно если при этом присутствует русский: он уверен, что за этим последует финансовая катастрофа. Отсюда глагол «просвистеть», т.е. напрасно истратить деньги, потерять богатство, дойти до бедности.

Ещё со многими непонятными суевериями и предрассудками вам придётся столкнуться, когда вы приедете в Россию. Помните, что суеверия, предрассудки, вера в приметы и прочую чертовщину – это часть национальной психологии, тесно связанная с фольклором, историей народа и его культурой, а потому достойна интереса и внимания.

Чёртова дюжина – число тринадцать, которое считается несчастливым по суеверным представлениям. 指数字十三，按照迷信的说法，这是不吉的数字。

Триединое божество – т. е. троица (Бог-Отец, Бог-сын, Бог-Дух святой). 即三位一体（圣父、圣子和圣灵）。

俄罗斯文化阅读

Вопросы и задания

1. Какой день считается нежелательным для серьезных и важных дел в представлениях русских?
2. Когда русские плюнут 3 раза через левое плечо?
3. Что принято делать, когда русские забывают что-нибудь дома?
4. В чём проявляется магия чисел у русских?
5. Какую ассоциацию вызывает у русских, когда кто-то рядом свистит?

О «кукише с маслом» и других жестах

Считается, что 80% всей информации мы передаём друг другу невербально (т.е. при помощи жестов, мимики и других неязыковых средств). При этом общеизвестно, что язык жестов имеет национальную окраску. Знание некоторых типично русских жестов будет вам очень полезным. Так, например, русские совсем не так, как французы или китайцы, ведут счёт на пальцах. Если французы при счёте разгибают пальцы, начиная с большого, то русские наоборот – сгибают, постепенно собирая их в кулак, начиная с мизинца.

Интернациональный жест, когда ничего нельзя сделать и остаётся только смириться с ситуацией, русские и французы тоже делают неодинаково: французы машут рукой назад, как бы отбрасывая проблему от себя за спину, а русские машут рукой впереди себя, как бы бросая проблему с рук на землю, облегчая тяжесть своей ноши.

Когда хотят о человеке сказать, что он не очень умён, многого не понимает, нужно слегка постучать указательным пальцем по виску. А если кто-то энергично вертит указательным пальцем у виска, то он уверен, что говорит о безумном человеке, или что человек сделал безумную глупость, или ведёт себя неадекватно.

Когда русские хотят подчеркнуть свою искренность, они кладут руку на сердце в соответствии с поговоркой «положа руку на сердце».

Когда русский поднимает обе руки вверх – то даёт знак, что он в шутливой форме «сдаётся», т.е. согласен на ваши предложения, и у него больше нет возражений и аргументов для продолжения дискуссии.

Ещё один характерный русский жест – щелчок по горлу большим и средним пальцами, означающий «выпить водки» – породил выражения «заложить за воротник», «заложить за галстук».

Очень энергичный и вульгарный жест, выражающий категорическое отрицание – это так называемая фига (или кукиш), когда большой палец просунут между средним и указательным при сжатом кулаке («показать фигу»). Если вам показывают такую конструкцию, то у вас есть основания серьёзно обидеться, поскольку подобная демонстрация – это не только презрение, но и угроза. Хотя всё зависит от накала страстей. Вот, например, дети используют этот жест без намёка на агрессию, и даже с ласкательным суффиксом: «фигушки», или даже ещё более экспрессивно – «фигушки с маслом».

Следует отметить, что в сегодняшней России всё шире используются жесты иностранного, особенно американского происхождения, включая и неприличные жесты.

Однако нужно помнить, что излишняя

> Положа руку на сердце (поговорка) – говорить честно, откровенно, не лукавя. （俗语）说话诚实、坦率，不要滑头。
> Заложить за воротник (или заложить за галстук) – выпить спиртного, напиться пьяным. 喝醉酒.
> Фигушки – грубое выражение отказа, отрицания.

жестикуляция и перемещение с места на место во время разговора русских раздражают. Это мешает им сосредоточиться и понять собеседника. А ещё важно помнить, что облизывать пальцы в России считается некультурным, равно как и ковырять в зубах, что воспринимается спокойно в других странах.

Вопросы и задания

1. Когда русские машут рукой впереди себя?
2. Какой жест делают русские, если они хотят подчеркнуть свою искренность?
3. Какой жест характерен для русских, когда они много выпивают?
4. Какое значение имеет жест «показать фигу»?
5. Какой жест оказывается нежелательным для русских?

俄罗斯历史名人

Исторические знаменитости

Предисловие

Кто творит историю? Люди? Народы? Политические деятели или проповедники и мессии? А может историю творит случай?

Сможем ли мы разгадать загадки и тайны, которые оставили после себя великие люди, сыгравшие заметную роль в истории России? Извлечём ли опыт из недавнего прошлого великой страны? Что из этого мы сможем взять с собой в Будущее? Кто они, великие граждане России? Что их объединяет? Почему мы снова и снова обращаемся к памятным событиям и лицам? И как это поможет нам ответить на главный вопрос: почему россияне такие, какие они есть?

Георгий Константинович Жуков (1896—1974 гг.)

Жизнь маршала, её настоящие события тесно сплелись с легендой. Его будущее оказалось просто феноменальным. До сих пор непонятно, как человек, не попав в концлагерь после службы в царской армии, заработавший два Георгиевских креста за храбрость, переживший два дознания, несколько раз раненный и контуженный, после чего одно ухо не слышало, дважды переболевший сыпным тифом, дослужился до маршала. И как человек, который орал на Сталина, не был тайно убит в каком-нибудь подъезде.

«Люди, добивающиеся ярких результатов при максимально неблагоприятных условиях, несомненно, талантливее тех, кто работает в парниковых условиях, ни в чём не нуждаясь». Так писал один из современников, имея в виду Георгия Константиновича ЖУКОВА.

Символ русской надежды

Живое воплощение Великой Победы 1945 г., четырежды Герой Советского Союза, принимавший от имени СССР капитуляцию гитлеровской Германии, он уже с десяток лет как был изгнан со всех постов, жил в забвении и опале, когда американский публицист

俄罗斯文化阅读

Гаррисон Солсбери выпустил книгу «Великие битвы маршала Жукова» (1969 г.). В этом сенсационном труде, переизданном много раз и на разных языках, содержится, в частности, такая мысль: «Когда история завершит свой мучительный оценочный процесс, когда зёрна истинных достижений отсеются от плевел сиюминутной известности, с новой силой засияет над всеми остальными имя этого сурового, решительного человека, полководца полководцев, мастера ведения войны массовыми армиями. Не раз и не два, а множество раз он кардинально поворачивал течение битв против нацистов».

Мартин Кайден, другой военный историк из США, в книге «Тигры горят» (1974 г.) счёл нужным добавить: «Жуков нанёс немцам больше потерь, чем любой другой военачальник во второй мировой войне. В каждой битве он командовал миллионными массами людей, вводил в дело фантастическое количество танков. Противник был более чем хорошо знаком с сокрушительным мастерством этого военного гения».

Что верно, то верно. Когда солдат и офицеров вермахта, попадавших в плен по ходу той войны, спрашивали о наиболее устрашающих факторах с советской стороны, они обычно отвечали: фантастическая выносливость русского солдата, танк Т-34 и маршал Жуков. Допустимо в данном случае сослаться на признание самого Гитлера. В одной доверительной беседе фюрер, говорят, сетовал, что нет у него ни единого генерала, сопоставимого по силе таланта с Жуковым.

Его феноменальное военное дарование особенно ярко проявлялось по трём основным позициям. Во-первых, умение переломить ход военной борьбы, крайне неблагоприятный для своих войск. Во-вторых, способность в сложнейших условиях быстро подготовить и провести мощную фронтовую операцию. Наконец, редкий дар предвидения, позволявший разгадать замысел противника, опередить его, ввести в заблуждение на критической стадии сражения.

В середине июля 1941 г. германская танковая группа под командованием генерал-полковника Клейста прорвала советскую оборону южнее Смоленска и захватила город Ельню, то есть практически оказалась на подступах к Москве. Попытки 24-й армии Резервного фронта ликвидировать этот опасный плацдарм успехом не увенчались. И тогда командовать фронтом назначили Жукова.

Вермахт – вооружённые силы Германии (1935—1945 гг.). 指二战期间的德军。
Танк Т-34 – средний танк, который предназначался для самостоятельных боевых действий. Высокая проходимость, манёвренность, толстая броня, сила и мощь пушки сделали этот советский танк грозным оружием в годы Великой Отечественной войны. По боевым и манёвренным качествам этот танк превосходил средние и некоторые тяжёлые танки того времени. 苏式中程坦克，作战能力和机动性优越于二战时期其他类型的中程和一些重型坦克，在卫国战争期间发挥了巨大的作用。
Фюрер – (неодобр.) вождь, руководитель.（不赞）领袖，元首。

Приняв дела 31 июля, генерал первым делом приказал на время приостановить изматывающие контратаки и сосредоточиться на истреблении противника интенсивным артиллерийским огнём. Для этого из небогатого резерва были взяты все огневые средства, включавшие знаменитые «Катюши» – системы реактивного огня. Танковые и моторизованные соединения вермахта, втянутые в прорыв, стали нести большие потери, и в конце концов генерал-фельдмаршал фон Бок, командовавший группой армий «Центр», распорядился заменить их пятью пехотными дивизиями.

Тем временем советская артиллерия из

22

Исторические знаменитости

последних сил продолжала наращивать огонь. 30 августа дивизии 24-й армии перешли в наступление, прорвали оборону противника. Чтобы избежать окружения, немцы начали отход. Утром 6 сентября была освобождена Ельня, 8 сентября советские войска, продвинувшись к западу на 25 километров, полностью ликвидировали опасный выступ. Операция, названная Ельнинской, стала глотком кислорода и для армии, и для страны. Она продемонстрировала, что непобедимый вермахт можно громить и понуждать к отступлению.

Весь дальнейший ход войны маршал Жуков, являясь официально заместителем Верховного Главнокомандующего Сталина, всё основное время находится в войсках.

В течение 1944 г. гитлеровские войска оказались полностью вытесненными с территории СССР. Предстояло завершить их разгром уже за пределами восстановленных советских границ. На самом ответственном стратегическом направлении действовал 1-й Белорусский фронт. Сознавая его особую роль на завершающем этапе войны, верховное командование решило поставить во главе его Жукова.

Под руководством маршала войска фронта участвуют в очень важной Висло-Одерской операции. Очистив от нацистов территорию Польши, они выходят на благоприятную прямую, позволяющую нанести решающий удар по столице Германии, овладеть ею с ходу. 2 мая после ожесточённых уличных боёв город был взят.

Ещё шесть дней спустя маршал Жуков по поручению Верховного Главнокомандования принял вместе с представителями союзных держав капитуляцию нацистской Германии.

Сталин доверил Жукову принимать на белом коне Парад Победы в Москве 24 июня 1945 г. Но далее этот решительный и очень популярный человек, полный сил и замыслов, стал неудобен вождю. Ему не позволили нанести ответный визит в США – хотя приглашение исходило от генерала Эйзенхауэра, боевого соратника и почти друга. Американцам официально ответили, что маршал не может никуда поехать, поскольку принимает дела в новой должности – главнокомандующего сухопутными войсками. Года не прошло, как Жукова сместили и послали командовать Одесским военным округом, второразрядным в стратегическом отношении.

Новый взлёт пришёлся на начало правления Никиты Хрущёва, изобличившего Сталина как кровавого тирана и диктатора. Жуков был отозван из почётной ссылки, назначен министром обороны. Отблеск его славы известным образом облагораживал политическую физиономию нового вождя. Но вот характер боевого маршала...

Поначалу Жуков физически спас Хрущёва, организовав арест и расстрел Лаврентия Берии – всемогущего шефа спецслужб, рвавшегося к власти любой ценой. Затем сказал своё веское слово в борьбе против «антипартийной группировки». Молотов, Маленков, Каганович, Ворошилов и другие давние соратники Сталина, ещё остававшиеся при власти, пытались сместить Хрущёва, называя его выскочкой и авантюристом. Был созван пленум ЦК. Обращаясь на нём к упомянутым лицам, Жуков заявил: если те и дальше посмеют гнуть свою

> **Берия Лаврентий Павлович** (1899—1953 гг.) – в 1941—53 гг. заместитель председателя Совета Народных Комиссаров (Совет министров) СССР. С 1944 г. заместитель председателя Государственного Комитета Обороны. Член политбюро (Президиума) ЦК в 1946—53 гг. Маршал Советского Союза (1945 г.). Входил в ближайшее политическое окружение И. В. Сталина; один из наиболее активных организаторов массовых репрессий 1930-х – нач. 50-х гг. После смерти Сталина в марте 1953 г. Берия стал министром внутренних дел и заместителем председателя Совета министров СССР. Он сосредоточил в своих руках контроль над всеми правоохранительными органами. Н. С. Хрущёву удалось организовать заговор против Берии, привлечь на свою сторону членов политбюро и группу военачальников во главе с маршалом Г. К. Жуковым. В декабре 1953 г. на закрытом судебном процессе Берия был приговорен к смертной казни. 拉·巴·贝利亚，斯大林时期最有权势的苏联领导人之一，斯大林大清洗运动的积极组织者，曾任苏联内务部长，部长会议第一副主席。赫鲁晓夫上台后被处决。

23

линию, он обратится за поддержкой к армии, которая его знает, любит и вполне ему доверяет.

Хрущёв сохранил за собой пост руководителя партии и страны, а Жуков, вскоре снятый с поста министра обороны, был отправлен командовать Уральским военным округом, подальше от Москвы. Затем последовала и формальная отставка. Наступила полоса оскорбительного забвения. Длилась она почти двадцать лет, практически до смерти Жукова в 1974 г. Правда, после отставки Хрущёва, уже во времена Брежнева, маршалу дали возможность издать свои мемуары, которые получили колоссальный отклик как в Советском Союзе, так и за рубежом.

По-новому острое звучание обрела тема Жукова с началом демократических реформ. К 50-летию Победы были учреждены военные орден и медаль Жукова, установлен ему памятник в центре Москвы и принято решение широко отметить столетие со дня рождения маршала.

По словам поэта Константина Симонова, работавшего в войну фронтовым корреспондентом, имя Жукова связано в народной памяти со спасением Ленинграда и Москвы. Дальнейший ход событий сделал любимыми в народе ещё несколько имён выдающихся военачальников. Но Жуков среди них всё равно остался первой любовью, завоёванной в самые трагические для России часы, и потому – сильнейшей.

Вопросы и задания

1. Чем русский народ обязан маршалу Жукову во время Великой отечественной войны?
2. В чём проявилось военное дарование маршала Жукова?
3. Как его оценивают сторонники и противники на Западе?
4. Как сложилась судьба Жукова после войны в мирное время?
5. В связи с чем поставлен памятник Жукову в центре Москвы?

Исторические знаменитости

Никита Сергеевич Хрущёв
(1894 —1971 гг.)

Время Хрущёва – один из наиболее значительных и непростых периодов российской истории. Значительных – потому что перекликается с идущим сейчас в стране процессом демократизации. Непростых – потому что касается десятилетия, которое поначалу называлось "славным", а потом осуждено как время "волюнтаризма" и "субъективизма". А ведь именно тогда состоялись XX и XXII съезды партии, отразившие острые политические баталии и определившие новый политический курс страны. В истории России время правления Хрущёва называют периодом «оттепели».

Никита Хрущёв – глазами дочери

Беседу с Радой Аджубей, многие годы являющейся заместителем главного редактора журнала «Наука и жизнь», предваряет выдержка из работы историка Абдурахмана Авторханова, излагающего свою версию подготовки заговора по отстранению Хрущёва от должности Первого секретаря ЦК КПСС.

Коллективное руководство началось со лжи

Новое «коллективное руководство» начало своё правление с совершенно очевидной неправды: оно сообщило, что 14 октября 1964 г. «Пленум ЦК КПСС удовлетворил просьбу т. Хрущёва Н. С. об освобождении его от обязанностей Первого секретаря ЦК КПСС, члена Президиума ЦК и Председателя Совета Министров СССР в связи с преклонным возрастом и ухудшением состояния здоровья».

Официальная версия была настолько лжива и смехотворна, что ей никто не поверил не только за границей, но и в СССР.

Ещё за шесть месяцев до смещения Хрущёва главные заговорщики считали его возраст не только не «преклонным», но «средним», а самого Хрущёва – воплощением «ленинской мудрости». Это было 17 апреля 1964 г., в день семидесятилетия Хрущёва.

Вот эти самые «ближайшие соратники и друзья» через шесть месяцев «единодушно» объявят его не только стариком «преклонного возраста», но и волюнтаристом, субъективистом, то есть антиленинцем...

Роковое решение о своём свержении было принято самим Хрущёвым. Правда, в то время не ведавшим того, что делает. Это произошло ровно за три месяца до его снятия – 15 июля 1964 г. В тот день на сессии Верховного Совета СССР Хрущёв выступил со следующим предложением: «...Товарищ Брежнев Леонид Ильич на Пленуме ЦК в июне 1963 г. был избран Секретарем ЦК партии. ЦК считает целесообразным, чтобы товарищ Брежнев сосредоточил свою деятельность в ЦК как Секретарь ЦК КПСС. На пост Председателя Президиума Верховного Совета СССР ЦК рекомендует товарища Микояна Анастаса Ивановича».

Сейчас нет никакого сомнения, что это решение было принято по настоянию заговорщиков, чтобы создать легальные и организационные предпосылки для будущего переворота. Брежнев должен был «сосредоточить всю свою деятельность в ЦК» в качестве Второго секретаря. Для подготовки заговора ему необходимо было взять под своё непосредственное руководство аппарат ЦК, вооружённые силы и политическую полицию, которые в отсутствие Первого секретаря ЦК автоматически подчиняются Второму. Тем самым создавались не только предпосылки, но и гарантии успеха заговора. Назначение Микояна Председателем Президиума Верховного Совета СССР было призвано легализовать государственный переворот от имени номинального верховного законодательного органа – советского парламента.

Утром в понедельник 12 октября все члены Президиума ЦК, кроме Хрущёва и Микояна, по уже состоявшемуся сговору, собрались на заседание Президиума ЦК для обсуждения только одного вопроса: освобождение от должности Хрущёва.

Своё единодушное решение заговорщики вынесли на формальное обсуждение Пленума ЦК. На него были вызваны лишь те его члены, которые были заранее завербованы, и те, чьё критическое отношение к Хрущёву было вне сомнения.

Главным и единственным оратором на Пленуме был Суслов. Безмолвный и мрачный, Хрущёв сидел не в президиуме, а в стороне, на отдельной скамье. То была скамья подсудимого.

И стал он пенсионером...

(Рассказывает дочь Н. С. Хрущёва Рада Аджубей)

– Снятие Н. С. Хрущёва с поста Первого секретаря ЦК КПСС для широкой публики оказалось весьма неожиданным. Позже, конечно, появилось немало материалов, в том числе – серия статей вашего брата Сергея в журнале «Огонёк». Он описывал, как закручивалась пружина заговора. Сергей – не журналист. А вы, журналистка, на эту тему так и не написали ни слова. Чем объяснить это молчание? Тем, что вы никогда не занимались политикой?

– Нет. Просто я сама всё узнала от Сергея. Хотя, честно говоря, приходил ко мне человек: пытался что-то рассказать, против чего-то предостеречь. Я ему просто не поверила. Не захотела продолжать показавшийся мне странным разговор. Помню, мужу, который был главным редактором газеты «Известия», говорили: как же так – вся Москва знала. Но до нас слухи не доходили.

– Процесс отстранения Хрущёва занял, как известно, два дня. После заседания Президиума ЦК, где ему предъявили обвинения, он, очевидно, приехал домой и рассказал всё вам...

– В первый день заседаний отец позвонил мне и сказал, что завтра состоится Пленум ЦК, на котором его, очевидно, снимут, просил предупредить об этом Алексея. Так я узнала о случившемся. Но мужа с поста главного редактора «Известий» убрали ещё до снятия Хрущёва, что и было оформлено решением Пленума.

Вечером того дня мы отправились к отцу на Ленинские горы. Он приехал вместе с Анастасом Ивановичем Микояном, живущим в соседнем особняке. Отец сразу прошёл в дом, а Микоян задержался на крыльце, где мы его ждали – мой брат Сергей, Серго Микоян, я с Алексеем.

Серго Микоян – сын А.И. Микояна, исследователь Института мировой экономики и международных отношений РАН. 谢·米高扬，原最高苏维埃主席团主席阿·伊·米高扬的儿子，世界经济和国际关系研究所的研究员。

Анастас Иванович сказал буквально следующее: «Хрущёв забыл, что при социализме тоже идёт борьба за власть».

Роль Микояна в те дни оценивают по-разному. Но я знаю: в те тяжёлые дни он был единственным человеком, который стоял рядом с отцом и в меру сил пытался ему помочь.

Что касается причины снятия, у меня на этот счёт своя точка зрения. Он чувствовал, всё, что бы ни начинал, пробуксовывает, не движется, натыкается на глухую стену сопротивления партийного аппарата. Создание совнархозов, разделение партийных органов на промышленные и сельскохозяйственные были попытками сломать стену, усовершенствовать формы управления сложным хозяйством страны, передать какую-то часть полномочий (как мы сейчас говорим) местным властям.

Незадолго до своего снятия, отец созвал в ЦК КПСС большое совещание, где говорил, что дела идут плохо, очевидно, нужно уступить дорогу молодым, людям с новыми идеями и новыми силами. Об этом совещании мне рассказывал мой муж Алексей Аджубей, который присутствовал на нем, как член ЦК и как главный редактор «Известий».

Думаю, это был толчок. Хрущёв имел в виду: пора нам всем уходить... Всем...

Ещё одна деталь. На Пицунде, в отпуске, он не столько отдыхал, сколько работал над текстом новой Конституции, в которой, в частности, предлагалось ограничить срок пребывания высших государственных должностных лиц на своих постах. Новую Конституцию предполагалось утвердить на сессии Верховного Совета ещё до конца года. Думаю, что это не устраивало ни Брежнева, ни Подгорного, ни иже с ними.

– В Уставе партии положение о двух сроках уже существовало...

Но не в Конституции, а отец хотел конституционного ограничения срока пребывания у власти не только партийных деятелей, но и государственных.

Хочу повторить: отец чувствовал, что исчерпал себя. Говорил об отставке и дома. Но сделать решительный шаг сил не хватило.

Сам факт внезапного снятия он пережил очень тяжело. Особенно его подкосило предательство. Ведь это были его товарищи, его выдвиженцы, он опирался на них. Человек не может жить без доверия.

И он думал о преемнике. Нет, ставку он делал не на Брежнева. Как-то у нас был с ним разговор. Потом оброненную им фразу я вспоминала тысячи раз: «Брежнев – это устроитель празднеств, приёмов, обедов – вот его любимое занятие». Ставку он делал на молодых. Возможно – на Шелепина, который его первый же и предал, оказавшись к тому же самым яростным приверженцем идеи реабилитации Сталина.

– Но вскоре и сам Шелепин был смещен...

– Шелепин считал, что Брежнев у власти будет недолго. Хотя никто открыто об этом не говорил, но я знаю доподлинно: вся комсомольская верхушка рассчитывала, что Брежнев очень скоро уйдёт и наступит их черёд. А Брежнев их всех перехитрил.

– Итак, после Пленума Хрущёв возвратился домой. Вы были с ним. Он что-то рассказывал?

– В особняк на Ленинских горах я приезжала в те дни почти каждый вечер. Мама, так случилось, в это время находилась в Чехословакии, в Карловых Варах. Она ездила туда регулярно – у неё

Александр Николаевич Шелепин (1918—1994 гг.) – политический и государственный деятель. В 1952—58 гг. первый секретарь ЦК ВЛКСМ. В 1958—61 гг. председатель КГБ при СМ СССР. В 1961—67 гг. секретарь ЦК КПСС, в 1962—65 гг. председатель Комитета партийно-государственного контроля, заместитель председателя Совета Министров СССР. В 1964—75 гг. член Президиума (Политбюро) ЦК КПСС. В 1967—75 гг. председатель ВЦСПС. 阿•尼•舍列宾，苏联时期的党政领导人，曾先后担任苏联部长会议副主席、苏共中央主席团（政治局）成员、全苏总工会主席等职。

было тяжёлое отложение солей. Между прочим, в тот раз она была там с Викторией Петровной Брежневой. Услышав по радио, что Пленум ЦК отправил Хрущёва на пенсию, она простодушно сказала Виктории Петровне: «Вот теперь не я вас, а вы меня будете приглашать в театр и на разные торжественные мероприятия». Чего, конечно, никогда не последовало.

Позже, когда появилась статья в «Правде», резко критиковавшая отца, мама поняла, что за всем этим стоит. Видимо, на нервной почве у неё случился тяжелейший приступ радикулита – она не могла ходить. По указанию президента Чехословакии Антонина Новотного ей был оказан максимум внимания. Он прислал своего личного врача, её выхаживали. Мамы не было целый месяц. И это усугубляло личную трагедию отца...

К тому же, хотя ему уже исполнилось 70 лет, он был необыкновенно динамичным человеком, обладавшим огромной работоспособностью. Какие нагрузки выдерживал во время зарубежных поездок! И конечно – дома... Отец привык работать вечерами, в выходные дни... А когда человек живёт в таком темпе, а потом всё вдруг разом обрывается – происходит надлом.

Хрущёва неприлично торопили выехать из особняка, а также освободить занимаемую им дачу. Однако без мамы он наотрез отказывался переезжать.

— «Неприлично торопили». Кто?

— Конечно, не сам Брежнев. Девятое Главное управление КГБ, отвечающее за охрану высших государственных и партийных деятелей. В это же время шёл некрасивый торг «наверху». Они, конечно, боялись даже свергнутого Хрущёва. Может быть по инерции. Поэтому сначала предлагали ему большую сталинскую дачу, большую пенсию и многое другое. А отец в это время заболел. Его приглашали приехать для обсуждения материальных условий – он не мог подняться. Дело затягивалось.

Тем временем предполагавшийся уровень обеспечения снижался. В конце концов, ему предложили дачу в Петрово-Дальнем, пенсию, по-моему, рублей 300, оставили право заказывать продукты на спецбазе. Он и мама могли пользоваться поликлиникой на улице Грановского. И вдруг оказалось, что у него нет квартиры в Москве! В своё время с казённой квартиры на улице Грановского он переехал в особняк на Ленинских горах, тоже принадлежавший государству.

Помню, как кто-то из Управления делами ЦК показывал отцу квартиру в построенном до войны доме в Староконюшенном переулке, что рядом с Арбатом, и уверял, что она прекрасна... Отец согласился. С ним жила младшая дочь, ей надо было иметь в Москве свой угол: постоянно жить на даче она не могла. А когда стали оформлять прописку, выяснилось, что брак отца с мамой официально не был зарегистрирован – в довоенные годы это было делом обычным. Что делать – расписываться? Решили, что не будут. Ведь так всю жизнь прожили.

— Если судить по кадрам любительской киноплёнки, которую позже показывали по телевидению, его превратили в фактического узника, находившегося на даче за высоким забором...

— Дача, где жил отец, была построена в 30-е годы. Добротный деревянный рублёный дом в небольшом дачном посёлке, где жили заместители Председателя Совета Министров СССР. Общая территория обнесена забором. А кроме того, каждая дача имела ещё свои ограду и ворота с охранником, проход через которые требовал телефонного указания живших на даче.

Нельзя сказать, что проживание в Петрово-Дальнем походило на пребывание в тюремном застенке, нет. Но к отцу были приставлены два «порученца». Их главная задача сводилась к тому, чтобы следить за всем и докладывать, куда следует. На даче оставили обслуживающий персонал – повара-женщину и уборщицу, проработавших у Хрущёвых много лет. Но только после просьбы мамы, которая звонила по этому поводу начальнику «Девятки».

Исторические знаменитости

Конечно, везде всё прослушивалось. Если отец куда-либо выезжал, «порученец» всегда был рядом, на переднем сидении машины. «Порученцам» подчинялась и охрана – от их приказа зависело, пропускать кого-либо или нет.

— Машину-то сохранили?

— Да. Последняя беседа о том, какое дать Хрущёву материальное обеспечение, проходила в присутствии Косыгина. Отец сказал, что у него большая семья и попросил вместо планировавшейся «Волги» автомобиль побольше. Косыгин начал кричать на него: «Вы попробуйте выйти на улицу – вас заплюют, а вы просите машину!»

— Это не вяжется с широко распространенными представлениями о Косыгине...

— Его идеализируют. Он тоже был выдвиженцем сталинской школы, очень жёстким человеком.

Эпизод с машиной был связан, очевидно, со следующим. Хрущёв летом 1964 г. был в Скандинавии, где видел, как скромно живут стоящие там у власти социал-демократы – тогдашний премьер-министр Швеции Эрландер уехал с официального государственного приёма на велосипеде.

Вернувшись из поездки, он внёс предложение, вызвавшее возмущение у всего советского аппарата: ограничить число должностей, имеющих право на персональную служебную машину, лишить чиновников шофёров. А к членам Президиума ЦК КПСС обратился: «Давайте пересядем на «Москвичи» – хорошая машина». Вот ему это и припомнили... В конце концов, дали «ЗИМ».

— А вообще контроль за ним был жёстким?

— Он любил приезжать к нам на дачу. Мы с мужем купили маленький домик на берегу водохранилища в посёлке, носящем необычное название, – «Лётчик-испытатель». Народ там, в том числе прошедшие всю войну лётчики, к нему относились великолепно. Дачка была маленькая, и «порученец» вынужден был сидеть в машине. В эти часы отец чувствовал себя свободно. Ходил с нами в лес по грибы, катался по водохранилищу на катере. Он любил зайти в гости к нашим соседям. Вспоминали военные годы, говорили «за жизнь».

Когда в связи с публикацией нашумевших «Мемуаров Хрущёва» его вызвали в ЦК и стали обвинять, что он диктует их тайно, отец совершенно логично ответил Арвиду Яновичу Пельше: «Как я могу делать что-либо тайно? Вы знаете каждый мой шаг. На вашем месте я бы дал стенографистку – вы бы имели второй экземпляр». Они очень боялись мемуаров, считая, что он может рассказать о них что-то неприятное.

— Хрущёв сам всё писал?

— Не писал – диктовал. «Литературную запись» ему никто делать не помогал. Работал только по памяти, не имея никаких документов. Я их читала и поражалась, как много можно держать в голове! Очень огорчительно, что мемуары до сих пор не вышли на русском. Спасибо журналу «Вопросы истории», который печатал мемуары большими отрывками с 1990 по 1995 год. А книгу... обещали... Когда исполнилось

Алексей Николаевич Косыгин (1904—1980 гг.) – государственный и политический деятель, в 1960—64 гг. первый заместитель председателя, а в 1964—80 гг. председатель Совета Министров СССР. 阿·尼·柯西金，苏联时期的党政领导人，曾任苏联部长会议副主席（1960—1964）、苏联部长会议主席（1964—1980）

ЗИМ – марка легковой машины. 吉姆，一种小轿车的牌子。

Говорить «за жизнь» – (говорить о жизни) использование диалектной формы подчёркивает доверительность, неофициальность разговора по душам. 无拘无束地畅谈生活。

Арвид Янович Пельше (1899—1983 гг.) – политический деятель, член-корреспондент АН Латвийской ССР. В 1959—66 гг. первый секретарь ЦК Компартии Латвии. С 1966 г. член Политбюро, председатель Комитета партийного контроля при ЦК КПСС. 阿·雅·佩尔谢，苏联政治活动家，苏联拉脱维亚加盟共和国科学院通讯院士，曾任拉脱维亚加盟共和国共产党第一书记，苏共中央政治局委员、苏共中央监察委员会主席。

俄罗斯文化阅读

100 лет со дня рождения отца, обещал мэр Москвы Юрий Лужков. Бралось издательство при правительстве Москвы. С Сергеем был даже подписан договор, потом оказалось: нет денег. А книга стала бы интересным историческим документом.

— Учитывая характер прошлой системы, можно предположить, что Хрущёва-пенсионера посещало немного людей. Верно?

— К нему никогда не приезжал и не звонил никто из партийно-государственных чиновников. Мог бы позвонить Анастас Иванович Микоян. Но он боялся. Если помните, его самого вытесняли из руководства. Из тех, кто мог бы пострадать за своё общение с Хрущёвым, приезжал только Виктор Суходрёв, сотрудник МИД, долгие годы бывший переводчиком отца. Приходили мои друзья, приятели других членов семьи, простые люди из числа молодых, из интеллигенции, драматург Шатров, поэт Евтушенко, Серго Микоян.

— Как относились новые власти к вам? Помню, о вас тогда говорили очень хорошо и отмечали, что вы продолжаете по-прежнему работать в редакции журнала «Наука и жизнь», в стенах которой мы беседуем и сейчас. Правда ли, что вас эта история коснулась лишь опосредствованно?

— Не всё было столь гладко и безоблачно, как выглядело внешне. Мне, можно сказать, повезло, потому что всю жизнь меня окружали порядочные люди.

Что касается «верхов», то я присутствовала при последнем разговоре отца с Леонидом Ильичем Брежневым по телефону. Отец просил только об одном: чтобы снятие его не сказалось на детях – Сергее и Раде. Брежнев это обещал. Но Сергея убрали из его секретного конструкторского бюро, возглавлявшегося академиком Челомеем. Правда, перевели в другое место, которым он, как говорил сам Сергей, был доволен. Это произошло, когда всплыла история с публикацией мемуаров. А моему мужу, Алексею Аджубею, снятому с поста главного редактора «Известий», рекомендовали покинуть Москву.

— Куда вы предлагаете мне поехать? – спросил Алексей.

— В Благовещенск, на Дальний Восток.

— А что я там буду делать?

— Мы вас трудоустроим. Будете заместителем главного редактора местной газеты.

— У меня жена...

— Мы её тоже трудоустроим.

— На руках больная мать и маленькие дети...

— Вы не понимаете, что это – приказ партии? Не поедете – положите на стол партийный билет!

Подобный разговор повторялся трижды. Помог нам Константин Устинович Черненко, будущий Генеральный секретарь ЦК КПСС, который в то время заведовал отделом в ЦК. Он в общем был добрым человеком...

Что касается журнала, где я проработала всю жизнь, то он выходил под эгидой общества «Знание». Председателем правления там был академик Владимир Алексеевич Кириллин, интеллигентный, порядочный человек, к которому я могла обратиться с любым вопросом в самое трудное для меня время. Позже Кириллин занимал пост заместителя Председателя Совета Министров, возглавлял ГКНТ.

Мне повезло с работой. Я пришла в «Науку и жизнь», потому что мне хотелось заниматься близкой сердцу тематикой. Помимо факультета журналистики, я окончила и биологический. И

> ГКНТ – Государственный комитет по науке и технике. 国家科学技术委员会。

Исторические знаменитости

ещё хотелось находиться на незаметной должности, чтобы никто не мог сказать: вот – устроилась по блату, благодаря отцу. Журнал тогда был заштатный, влачил довольно жалкое существование. В 1961 г. его возглавил Виктор Николаевич Болховитинов, очень талантливый человек. Как говорится, отмеченный Богом. Он собрал прекрасный коллектив, в котором было чрезвычайно интересно работать. В редакции не нашлось желающих, как это случается, «поднять вопрос». А «наверху», думаю, действовало обещание Брежнева не трогать меня.

Однако, когда редакция меня представила к награждению медалью «За доблестный труд. В ознаменование 100-летия со дня рождения В. И. Ленина», в райкоме партии из списка вычеркнули. Ни в какие зарубежные поездки не пускали. Уж про Алексея я и не говорю – хоть он заведовал отделом публицистики в журнале «Советский Союз», но для широкой общественности журналиста по фамилии Аджубей не существовало. Ему не разрешали написать ни единой строки под собственным именем на протяжении практически четверти века!

Некоторое послабление почувствовалось после прихода к власти Андропова. В обществе «Знание» формировалась группа для туристической поездки в Австрию. И я решила попробовать. Чтобы избежать неприятностей при оформлении, а как следствие – ненужных разговоров, позвонила соответствующим людям в ЦК и попросила вычеркнуть меня сразу, если есть у них принципиальные возражения. «Ну, что вы, Рада Никитична. Всё будет в порядке», – сказали мне. И я поехала за границу впервые после перерыва в два десятка лет.

— После этого препятствий больше не чинили, и вы, я знаю, ездили неоднократно. Посещали Великобританию, Соединенные Штаты, где сейчас живет ваш брат. А у вас никогда не возникало желания тоже уехать и жить где-нибудь в другой стране?

— Нет, это не для меня. Мой сын с женой и дочкой сейчас живут в Лондоне. Он биофизик, работает в научно-исследовательском институте. Они, конечно, привыкли к английской жизни, но всё равно рвутся домой.

— Мы с вами уже говорили о скандале на художественной выставке в Манеже, когда Хрущёв предложил скульптору Эрнсту Неизвестному уехать из страны, если ему не нравятся порядки. Это было столкновение не просто двух людей, но двух личностей. Поэтому известие, что памятник на могиле Хрущёва делает Неизвестный, заставило многих охнуть от удивления. Как такое стало возможным? Чёрно-белые цвета камня – символ противоречивости характера вашего отца?

— С Эрнстом Неизвестным дружили мой брат Сергей и Серго Микоян. Причём, давно. После смерти отца они пошли к Эрнсту и спросили, не возьмётся ли он сделать памятник. Он сразу согласился. Что касается контраста – сочетания чёрного с белым, то, с моей точки зрения, это условность.

Эрнст Неизвестный очень интересный, мыслящий человек, обладающий даром видения, большим талантом. И я рада, что именно он создал памятник, стоящий на могиле Никиты Сергеевича Хрущёва.

Отмеченный богом – очень одарённый, способный. 指很有天赋和才能。

俄罗斯文化阅读

Вопросы и задания

1. Что вы знаете о Никите Хрущёве как государственном руководителе?
2. Расскажите о жизни Никиты Хрущёва после неожиданного для него выхода на пенсию.
3. Кто занял пост генерального секретаря КПСС после смещения Никиты Хрущёва?
4. Как сложилась судьба детей Никиты Хрущёва после отстранения его от власти?
5. Какое впечатление произвела на вас личность Никиты Хрущёва?

Исторические знаменитости

Леонид Ильич Брежнев (1906—1982 гг.)

В течение нескольких недель на Интернет-сайте «Нашего времени» шло голосование. Вопрос звучал так: «Хотели бы вы жить в СССР?» В итоге проголосовало около тысячи читателей газеты. Оказалось, что 58% из них готовы немедленно сменить нынешнюю российскую действительность на советское прошлое. Можно не сомневаться, что под словами «жить в СССР» большинство из них подразумевали период с 1964 по 1982 год. Время, когда во главе страны находился Леонид Брежнев. Именно эти годы, снисходительно названные в перестроечные времена «эпохой застоя», в итоге оказались одними из самых благополучных и счастливых в драматической истории России.

Во время похорон советских лидеров принято нести их награды, приколотые к небольшим бархатным подушечкам. Когда хоронили Суслова, пятнадцать старших офицеров несли за гробом его ордена и медали. Но у Брежнева было больше двухсот орденов и медалей! Пришлось прикреплять на каждую бархатную подушечку по нескольку орденов и медалей и ограничить почетный эскорт сорока четырьмя старшими офицерами.

Малоизвестный Л. И.

Характер. Большинство мемуаристов считают, что Леонид Брежнев – слабовольный и слабохарактерный человек, глубоко консервативный, типичный аппаратный деятель, более всего опасающийся крутых поворотов и резких движений. Говорят, он расплакался, когда ему показалось, что заговор против Н. Хрущёва раскрыт. Р. Медведев (историк) сообщает, что со времён Днепропетровска за ним закрепилось прозвище Балерина, смысл которого состоял в том, что Брежневым всякий мог крутить.

В то же время, по мнению Г. Арбатова (в то время консультант ЦК), Брежнева боялись такие люди, как Ю. Андропов, А. Громыко и М. Суслов. «Без конфликтов и срывов, без кровавых репрессий, как Сталин,

Днепропетровск – город на Украине, где Леонид Брежнев был выдвинут на первый ответственный пост в Днепропетровском обкоме партии, отсюда и началась его карьера. 第涅伯罗彼得夫斯克，乌克兰的一座城市，勃列日涅夫曾在这里担任苏共第涅伯罗彼得罗夫斯克州委书记并开始了他的仕途。

Ю. Андропов (1914—1984 гг.) – председатель КГБ СССР в 1967—1982 гг., с 1982 г. Генеральный секретарь ЦК КПСС, одновременно с 1983 года Председатель Президиума Верховного Совета СССР. 尤·安德罗波夫，曾任苏联国家安全部（克格勃）主席(1967—1982)，苏共中央总书记(1982—1984)，苏联最高苏维埃主席团主席(1983—1984)。

А. Громыко (1909—1989 гг.) – министр иностранных дел СССР с 1957 по 1985 гг., председатель Президиума Верховного Совета СССР в 1985—1988 гг. 阿·葛罗米柯，曾任苏联外交部长(1957—1985)，苏联最高苏维埃主席团主席(1985—1988)。

М. Суслов (1902—1982 гг.) – зав. отделом агитации и пропаганды ЦК КПСС с 1947 г. В 1949—50 гг. главный редактор «Правды». В 1950—54 гг. член Президиума Верховного Совета СССР. С 1952 г. член Президиума ЦК КПСС. Один из самых влиятельных деятелей правления Н.С. Хрущёва. 米·苏斯洛夫，赫鲁晓夫执政时期最有影响的领导人物之一。曾任苏共宣传部长，《真理报》主编，苏共中央主席团成员。

и даже без публичного поношения, как Хрущёв, он обеспечил послушание, покорность и даже страх».

Работа. Все, знавшие Л. И., сходятся в том, что он не любил читать и не желал писать, основную информацию он воспринимал на слух. Н. Байбаков (экс-глава Госплана СССР) добавляет, что Брежнев уставал от цифр: «Однажды он остановил меня во время доклада и сказал: «Николай, ну тебя к чёрту. Ты забил голову нам своими цифрами, и я уже ничего не соображаю. Давай сделаем перерыв и поедем поохотимся...»

По мнению Г. Арбатова, он имел заслуженную репутацию человека малообразованного, весьма ограниченного, не обладающего собственным представлением о многих сферах жизни общества и политических проблемах. Брежнев был убеждён, что прекрасно знает сельское хозяйство, практическую экономику, военные вопросы, очень хорошо разбирается в людях и партийной работе. На все эти темы говорить с ним, пытаться его переубедить было бессмысленно.

А. Шелепин (член Политбюро): «Брежнев вставал в 10, завтракал в 11, с 12 до 14 ему читали вслух материалы. С 14 до 15 обед, до 17 сон, после которого он пил чай и уезжал на охоту. Возвращался в 21—22, ужинал и до часу или до двух смотрел кино».

Хобби. Общее мнение: Л. И. любил быструю езду на автомобилях иномарок, фильмы, особенно про «зверушек», спорт, прежде всего хоккей и футбол. Книг не читал. Обожал домино. Г. Воронов (член ЦК) – один из немногих, кто оставлял генсека «козлом». Играл с охраной «на интерес». Начинали после программы «Время» и играли до 3 ночи. Виктория Петровна (жена Брежнева) сидела рядом и клевала носом.

По Ю. Чурбанову (зять Леонида Брежнева), Л. И. очень любил возиться с голубями, отчасти удовлетворяя этим своё эстетическое чувство, ибо «голубь – это такая птица, которая ценится прежде всего за красивый полёт». Побыв немного с голубями, Л. И. навещал псарню. Относился к собакам «с неизменной симпатией». Был страстным охотником. Однажды, вспоминает переводчик В. Суходрёв, когда в Завидове шли интенсивные переговоры с Киссинджером (бывший госсекретарь США), Брежнев вдруг сказал: «Генри, давай поохотимся». Киссинджер развел руками: «Я не охотник. Даже стрелять не умею». «Ничего, – ответил Брежнев. – Стрелять буду я».

Комплексы. Р. Медведев замечает, что Брежнев нередко терялся, встречая более умелого и опытного политика. При таких встречах он постоянно испытывал чувство неполноценности, расспрашивал потом помощников, какое он производил впечатление.

Лишь однажды, в октябре 1971 г., во время официального визита во Францию, где так высоко ценится красноречие, Брежнев рискнул произнести речь без бумажки. Было очевидно, что он выучил её заранее. Однако от волнения он забывал произнести отдельные слова и предложения. Благодаря переводчику, выучившему эту речь лучше Брежнева, французы ничего не заметили. Все согласны в том, что Брежнев никогда не открывал книг Маркса, Энгельса или Ленина, но только Г. Арбатов находит, что вследствие этого Л. И. испытывал комплекс «марксистской неполноценности».

Говоря о комплексах, следует задаться вопросами: не является ли страсть к орденам следствием того, что во время войны он получил лишь четыре ордена и две медали (меньше, чем любой другой полковник, прошедший всю войну от начала до конца)? Не была ли страсть к быстрой езде, о которой как-то с ужасом

Оставлять (кого?) «козлом» – обыгрывать (кого?) («козлом» называют проигравшего). 打赢（输者被戏称为"山羊"）。
Генсек – генеральный секретарь. 总书记。

вспоминал Киссинджер, гиперкомпенсацией за колебания и нерешительность в политике, любовь к «зверушкам» – проявлением душевного одиночества?

Товарищи. По мнению Ю. Чурбанова, Л. И., как никто другой, умел так журить людей, что они на него никогда не обижались. Чурбанову не раз приходилось быть свидетелем того, как «хорошо» Л. И. отзывался об Алиеве (в будущем первый президент Азербайджана как независимой и суверенной страны), Шеварднадзе (министр иностранных дел СССР и первый президент Грузии как независимой и суверенной страны).

Ф. Бурлацкий (председатель научного совета по политологии РАН): Брежнев не хотел ни в ком вызывать озлобления. Он же: «Во время встречи с однополчанами, гордясь недавно сшитым мундиром маршала, Л. И. сказал: «Вот... дослужился». В Ульяновске во время встречи с местным начальством Брежнев, по свидетельству консультанта ЦК А. Бовина, заявил: «Я сейчас вроде как царь. Только вот царь мог деревеньку пожаловать. А я деревеньку пожаловать не могу, но могу дать орден».

Журналист А. Гаврилюк: «Однажды Брежнев мягко одёрнул министра сельского хозяйства СССР Мацкевича: «Ты, Володя, при людях мне не возражай, я генеральный секретарь, в этом кабинете Сталин сидел. Зайди позже, когда я буду один, и скажи, что считаешь нужным».

Иностранцы. В. Суходрёв: «Беседа один на один заключалась в том, что Брежнев зачитывал подряд заранее заготовленные тексты, плохо воспринимая то, что говорил в ответ Картер (президент США). Для того чтобы отреагировать на возможные вопросы, несколько заготовок дали и мне. В случае необходимости я должен был передать их Брежневу. Среди бумаг одна была особая. В зависимости от того, как Картер поставит вопрос, следовало читать всю её или часть. Когда Картер задал вопрос, я зачеркнул в тексте ненужное и передал листок Брежневу. Он начал читать и, добравшись до зачёркнутого места, обернулся ко мне: «А дальше читать не надо?» «Не надо», – ответил я и с ужасом посмотрел на Картера и его переводчика, которые внимательно наблюдали за этой сценой, прекрасно понимая, что происходит.

Вопросы и задания

1. Каким выглядел Леонид Брежнев в глазах знакомых людей?
2. О чём говорит тот факт, что Брежнева боялись такие люди, как Ю. Андропов, А. Громыко и М. Суслов?
3. Что вы знаете о Леониде Брежневе?

俄罗斯文化阅读

Андрей Дмитриевич Сахаров

Об этом человеке можно сказать словами Бертрана Рассела о Спинозе: существовали, возможно, люди с ещё более гениальным интеллектом, но не было никого благородней.

При жизни Сахарова он сам, его взгляды были с трудом терпимы как руководством страны, так и большей частью депутатского корпуса. Академик Д. С. Лихачёв сказал о Сахарове *горонах* в своём слове прощания: «Он был настоящий пророк. Пророк в древнем, исконном смысле этого слова, то есть человек, призывавший своих современников к нравственному обновлению ради будущего».

> Андрей Дмитриевич Сахаров (1921—1989 гг.) – выдающийся русский физик и борец за права человека, лауреат Нобелевской премии мира 1975 года. 安·德·萨哈罗夫，俄罗斯杰出的物理学家，人权捍卫者，1975年诺贝尔和平奖获得者。
> Бертран Рассел (1872—1970 гг.) – английский философ и математик, внесший значительный вклад в развитие математической логики, лауреат Нобелевской премии по литературе (1950 г.). 罗素，英国哲学家、逻辑学家、数学家，在数理逻辑方面做出重要贡献，1950年获诺贝尔文学奖。
> Спиноза Бенедикт (1632—1677 гг.) – голландский философ-материалист, пантеист и атеист, один из крупнейших рационалистов 17 в. 斯宾诺沙，荷兰哲学家，泛神论者和无神论者，是17世纪最著名的唯理论者之一。

Были и небыли об академике Сахарове

Каюсь: всегда воспринимал Андрея Дмитриевича (между собой коллеги называли его АД) в первую очередь как великого учёного. Было просто обидно, что он тратит свой колоссальный творческий потенциал на что-то иное, кроме науки. Но АД никогда не обижался, когда я осторожно спрашивал, почему он занимается правозащитной и общественной деятельностью. Объяснял своё поведение и семейными традициями (среди предков были офицеры, священники, учителя), и тем, что ему при всех его регалиях (это было ещё до ссылки в Горький) грозят меньшие беды, чем другим; он, мол, может до какой-то степени прикрывать собой других диссидентов. И потом, должен же кто-то начать, добавлял он. Весь мой скепсис разбивался о его целенаправленную жертвенность – АД действительно ничего не боялся!

В 1970 г. на Международной (так называемой Рочестерской) конференции по физике в Киеве знакомый американец спросил меня, имеет ли выступавший физик Сахаров какое-либо отношение к политологу и критику советского строя Захарову или к другому знаменитому Захарову, «отцу водородной бомбы». Подвело всех отсутствие строгих правил транскрипции русских фамилий, да и организаторы не были заинтересованы в широкой популяризации работ и идей АД в какой бы то ни было области.

Мы часто гуляли вместе. В городе или при появлении кого-либо из иностранных физиков около нас всегда случайно оказывались плотно сбитые и хорошо знающие английский товарищи (АД в то время практически не владел разговорным английским; он смущённо объяснял, что в детстве изучал только немецкий, поэтому мне приходилось кое-как исполнять обязанности переводчика).

Наблюдение за Сахаровым велось непрерывно. Однажды он мне сказал, что хотел бы без «хвоста» пойти к кому-то из своих киевских знакомых. В детстве, как всякий пионер, я начитался книг о подпольщиках, и мы образцово провели такую операцию. В нижнем этаже здания, где проходила конференция, стояли телефонные будки, за которыми был выход на служебную лестницу. Проимитировав сложные телефонные переговоры с переходом из будки в будку, нам удалось усыпить бдительность наблюдателей. В результате АД ушёл, а я ещё некоторое время звонил без дела недоумевающим друзьям в разных городах.

АД не хотелось числиться физиком, известным, главным образом, по Нобелевской премии мира, престижной, но всё же не профессиональной. За работы по термоядерным реакциям, вероятно, ввиду их военных приложений ни АД, ни его американскому оппоненту Э. Теллеру премия не была присуждена. У Сахарова есть труды нобелевского класса по распаду протона, которые могут привести к революции в физике, но они до сих пор не подтверждены и не опровергнуты экспериментально. Многие его работы до сих пор имеют грифы секретности и не публикуются.

В 1976 г. очередная Рочестерская конференция проводилась в Тбилиси, и мне почти всё время удавалось проводить с АД. В результате после конференции мне неожиданно передали, разумеется устно, благодарность за то, что я всё время был с АД и тем самым, мол, уберегал его от контактов с иностранцами и диссидентами. Правда, много времени вместе с нами бывал Сидней Дрелл, известный физик из США, которому в 1983 г. АД адресовал своё знаменитое открытое письмо, да в номер как-то зашли активные в то время деятели хельсинкского движения в Грузии М. Костава и З. Гамсахурдия, но это, судя по всему, считалось не таким большим злом. Теперь все знали, что это и есть тот самый Сахаров, его издали и вблизи фотографировали, просили разрешения пожать руку. Официанты в ресторане обслуживали молниеносно – не думая о чаевых. А когда потребовалось поменять авиационные билеты, и мы с АД пришли в переполненное здание аэровокзала, начальник, к которому я подошёл с документами Сахарова, спросил: «Тот? Можно пожать ему руку?», тотчас приказал сделать всё, что нужно, категорически отказался брать доплату и с истинно кавказским темпераментом повторял: «Такая честь!»

Когда мы водили его по мастерским тбилисских художников, они тихо спрашивали: «А можно что-нибудь подарить?» Ему очень нравилось мастерство чеканщиков, он расспрашивал о деталях работы и говорил, что хочет сам попытаться чеканить. АД часто мечтал делать что-нибудь руками, мастерить, но, по-моему, ему это редко удавалось.

Слежка за ним носила двойственный характер. Однажды мы возвращались поздно вечером после традиционного банкета для участников конференции на горе Св. Давида по плохо освещённым улицам. В Тбилиси по вечерам было тогда спокойнее, пожалуй, чем в любом другом городе, но я всё же нервничал. По дороге я заметил: то впереди, то позади нас всё время идут двое молодых мужчин, явно не физики и явно не

Хельсинкское движение – правозащитное движение в СССР (полное официальное название «Общественная группа содействия выполнению Хельсинкских соглашений в СССР»). Эта группа была создана 12 мая 1976 г. С самого начала вместо длинного официального названия её стали называть «Московская Хельсинкская группа». Московская – потому что она была создана в Москве, а Хельсинкская потому, что она базировалась на гуманитарных статьях Хельсинкских соглашений, подписанных 1 августа 1975 г. в столице Финляндии Хельсинки лидерами почти всех европейских стран, США и Канады. В это движение включились граждане, не только осознавшие необходимость расширения гражданских прав, но и готовые на публичные заявления по этому поводу, что было довольно опасно в те времена. 赫尔辛基运动，苏联时期的维权运动，因以欧洲、美国、加拿大等国共同签署的赫尔辛基条约为行动纲领（1975）而得名。

тбилисцы, причём они и не пытаются как-то маскироваться, но и не стараются услышать наш разговор. Когда я показал их АД, он махнул рукой и сказал, что его просто охраняют – ведь если с ним нечаянно что-то случится, то обвинят власти, они и принимают меры.

В последний день Конференции руководство Грузии во главе с Эдуардом Шеварднадзе устраивало приём в честь иностранных гостей. Приглашение получил, к своему невероятному изумлению (напомню, шел 76-й год), и АД. Блистательные дипломатические таланты Шеварднадзе тогда ещё никто не предвидел; этот его поступок вызвал буквально шок среди собравшихся в Тбилиси физиков.

Только работая над этими записками, я, кажется, понял, что являлось главным в интеллекте и характере Сахарова: он был очень уверенным в себе человеком, точнее, в своих возможностях всесторонне и до конца продумывать проблемы. Этим объяснялась его абсолютная независимость от мнений и отношений окружающих.

Точно таким же был его подход к социальным и политическим проблемам: никаких догм, никаких авторитетов, в основе всех дальнейших построений – несколько основных аксиом: каждый человек достоин счастья и должен быть счастлив; реалии сегодняшнего мира играют роль исходных данных для уравнений эволюции общества, оптимизируем их, и тогда общество сможет развиваться нормально. АД – не утопист, может быть, он лишь преувеличивал возможности интеллекта толпы.

Легенды о Сахарове, ходившие в основном среди физиков, очень характерны: в них делалась невольная попытка объяснить его необычность, непредсказуемость решений и замыслов какими-либо внешними и поэтому более понятными факторами.

Некоторые слухи и рассказы я пересказывал Андрею Дмитриевичу, и он, смущённо улыбаясь, опровергал их или подтверждал.

1. Сахаров, конечно, еврей, и настоящая его фамилия Цуккерман.

АД говорил, что фамилия его, несомненно, крестьянского происхождения. Прадеды были священниками, единственная «посторонняя часть» – дед со стороны матери, обрусевший грек А. С. Софиано, офицер-артиллерист.

2. Сахаров происходил из очень богатой семьи, поэтому с ним особенно много занимались в детстве, он и стал вундеркиндом.

На вопросы о «богатстве» семьи или просто о достатке АД только улыбался. Родители АД, как он говорил, были не очень высокого мнения о советской школе, и до шестого класса с ним занимались родители и приглашённые на дом учителя. Отец – физик и педагог – очень рано определил его способности к точным наукам.

3. Уникальные способности и знания АД проявлялись уже на первом курсе университета. Так, во время эвакуации, в теплушке, он сходу одолел книгу по квантовой теории, считавшейся в те годы пределом сложности для начинающих физиков-теоретиков.

На это АД досадливо махнул рукой и сказал: «Мои успехи в студенческие годы были далеки от блестящих».

4. После университета АД работал на заводе и сделал важные изобретения.

«Да, – подтвердил АД, – на заводе действительно работал. Изобретения были мелкими, но я ими очень горжусь». Он сожалел о невозможности получить авторское свидетельство на «магнитную бутылку»: «очень уж такое свидетельство красиво выглядит» (характерное проявление сохранившейся в нём детскости и непосредственности).

5. Сахаров всегда высказывал крамольные мысли, но по личному приказу Берии и его

Исторические знаменитости

ближайших преемников около него находились два-три доверенных человека, которые ему поддакивали и тем самым пресекали их дальнейшее распространение.

АД сказал: хотя по счастливой случайности самые близкие ему люди в годы террора не пострадали, он всегда понимал, где находится, записывать свои мысли никогда не любил, но

> ФИАН – Физический институт имени П. Н. Лебедева РАН. 俄罗斯科学院物理研究所。
> Берёзка – название магазинов, существовавших в советское время, где продавали за иностранную валюту или за так называемые конвертируемые рубли (чеки) западные вещи или недоступные для обыкновенных потребителей товары всесоюзного производства. "小白桦店"，指苏联时期专门使用外汇或卢布外汇券买卖商品的商店

какую-то правдоподобность этой легенды отвергнуть всё же не может.

6. Когда правительство подарило Сахарову – одному из первых – только появившуюся в стране автомашину «Победа», он, поездив пару дней, обменял её на подержанный велосипед одного из сотрудников, на который давно зарился.

АД смущенно улыбался, не опровергая и не подтверждая такие рассказы.

7. Как-то в большой комнате теоретического отдела ФИАНа, где работал АД, несколько молодых сотрудников говорили о дороговизне джинсов (это было в середине 70-х). АД поднял голову и сказал, что он видел множество джинсов в магазине «Берёзка» и по совсем иным ценам. Вечером он сам зашёл в магазин и попросил завернуть несколько пар штанов, а когда продавцы отказались принять обычные (советские) деньги, он указал на формулировки на банковских билетах: «Обеспечиваются... золотом и прочими активами...» Директор судорожно звонил в соответствующие органы, ему приказали поскорее всё выдать и не связываться с академиком Сахаровым.

Наутро сотрудники АД получили джинсы по доступной цене и за рубли.

8. Когда АД известным указом лишили наград и выслали в Горький, Академии наук было велено исключить его. На общем собрании Президент АН СССР Анатолий Александров сказал: «Сейчас по повестке дня мы должны рассмотреть вопрос об исключении А. Д. Сахарова из состава академии, правда, такого прецедента в Академии наук ещё не было». Но тут академик Капица, возле которого совершенно случайно, конечно, оказался микрофон, громко заметил: «Неправда, такой прецедент был – в 1933 г. Эйнштейна исключили из Прусской академии». Александров немножко помедлил и сказал: «Итак, переходим к следующему вопросу повестки дня».

И Александров, и Капица знали: прецедентов и в Германии, и у нас было предостаточно, но тут инцидент был артистически исчерпан.

О правдивости последних историй я не успел спросить Андрея Дмитриевича.

Вопросы и задания

1. Чем Андрей Дмитриевич известен как общественный деятель?
2. Чем Андрей Дмитриевич известен как ученый?
3. Какой репутацией он пользовался у советского народа?
4. Как Андрей Дмитриевич относился к слежке?
5. Что отличает Сахарова в интеллекте и характере?

Дмитрий Сергеевич Лихачёв
(1906—1999 гг.)

Дмитрий Лихачёв при жизни считался совестью и голосом русской интеллигенции. Мнение академика не раз становилось решающим в неоднозначных ситуациях. Имя Лихачёва, его слово служили гарантией для зарубежных спонсоров, желавших поддержать русскую культуру. У него был непререкаемый авторитет в одних кругах и множество недоброжелателей в других.

О человеке, личность которого приобрела символическое значение, принято при конце его жизни говорить, что вместе с ним уходит эпоха. Им была прожита с сознательно зорким вниманием долгая жизнь посреди катаклизмов сменявших друг друга эпох.

Совесть и голос русской интеллигенции

Академика Дмитрия Сергеевича Лихачёва в России знает, пожалуй, каждый. Широко известен он и за рубежом как автор всемирно признанных классическими трудов по искусству и культуре древней Руси. Его имя присвоено малой планете, открытой российскими астрономами.

Д. С. Лихачёв – почти ровесник XX века. Он родился в Санкт-Петербурге в 1906 г. За его долгую жизнь город трижды переименовывали: сначала из Санкт-Петербурга он превратился в Петроград, потом – в Ленинград и, наконец, снова в Санкт-Петербург. Возвращение исторического названия Дмитрия Сергеевича как коренного потомственного петербуржца очень обрадовало. Он страстно любил свой родной город, где прошли его детство и юность, молодость и пора возмужания, преклонные годы и старость. Он посвятил ему многие научные труды, публицистические очерки, выступления в печати.

Научная биография Д. С. Лихачёва началась в Петроградском университете уже в советское время. Совершенно сознательно он выбрал своей будущей специальностью древнюю русскую литературу. «Меня интересовали старые рукописи, – вспоминает Д. С. Лихачёв, – меня интересовала литература, меня притягивала к себе древняя Русь и народное творчество. Если сложить всё это вместе и умножить на известное упрямство в ведении поисков, то всё это вместе и открыло мне дорогу к внимательному изучению древней русской литературы».

Но по окончании университета молодому выпускнику не удалось спокойно заниматься академической наукой. Как многие умные, привыкшие самостоятельно мыслить интеллигентные люди, он не вписывался в общественную жизнь и новые отношения, установившиеся в советской России. Он не мог оставаться безучастным (равнодушным) к происходящему, был слишком смел и откровенен в своих высказываниях. И оказался в одном из сталинских лагерей, где провёл четыре года (с 1928 по 1931 гг.). В период заключения Дмитрий Лихачёв сохранил не только волю к жизни, силу духа, но и интерес к науке. Когда он вышел на

Исторические знаменитости

свободу, первой научной публикацией, подготовленной им, была работа «Черты первобытного примитивизма в воровской речи». Это – результат его лагерных наблюдений, обобщение того живого языкового материала, который удержала цепкая память учёного. Ведь в лагере и он, и другие политические заключённые находились вместе с уголовными преступниками. Так что освоить воровской жаргон, а тем более любознательному филологу, труда не составляло. Гораздо сложнее было и физически, и морально выжить, уцелеть как личности, сохранить человеческое достоинство. Но Дмитрий Сергеевич все испытания и выпавшие на его долю невзгоды выдержал с честью.

Перу Лихачёва принадлежит около трёх десятков замечательных книг и сотни научно-исследовательских статей в области литературоведения, истории русской и мировой культуры, философии культуры. Его исследования памятников древнерусской литературы и прежде всего «Слова о полку Игореве» переведены на многие языки, как и другие книги: «Человек в культуре древней Руси» (1958 г.), «Культура Руси времени Андрея Рублёва и Епифания Премудрого» (1962 г.), «Развитие русской литературы X — XVII вв. Эпохи и стили» (1973 г.), «Поэзия садов» (1982 г.), «Письма о добром и прекрасном» (1985 г.), «Русское искусство от древности до авангарда» (1992 г.) и др.

В работах Д. С. Лихачёва показано, что русская культура развивалась не сама по себе, не в изоляции от мировой культуры, а во взаимодействии с ней: интеграция в мировой историко-культурный процесс так же характерна для неё, как и глубокая самобытность, своеобразие. Большое значение придавал учёный активному диалогу русской и других культур. Он прослеживал столетие за столетием, как пересекались, переплетались и перекликались они, оказывая благотворное влияние друг на друга и взаимно обогащаясь.

У Дмитрия Сергеевича Лихачёва был особый дар: о сложных вещах он умел сказать просто, ясно и доходчиво. И это касается не только тех профессиональных сфер, в которых он долго и плодотворно работал. У него были такое огромное знание жизни, людей, такой богатый жизненный опыт, такой глубокий ум, такая высокоорганизованная культура мышления, что его суждения о самых острых и запутанных проблемах современности от политики и экономики до экологии и национальных отношений поражали своей пророческой мудростью, точностью оценок и ещё честностью. Вот почему с мнением Д. С. Лихачёва считались государственные деятели прошлых советских лет, вот почему к его голосу прислушивались российские руководители и политики, и вот почему его слову всегда внимал и верил народ.

Дмитрий Сергеевич Лихачёв – ярчайший представитель русской интеллигенции. Слово «интеллигент» в русском языке многозначно. Но главный его смысл – это человек самостоятельно мыслящий, высоконравственный, духовно здоровый, восприимчивый к культурным ценностям, ко всему прекрасному, обладающий эстетическим чутьём. Сам Д. С. Лихачёв как-то хорошо сказал: глупый человек при желании может выдать себя за умного, слабый – за сильного, робкий – за храброго... Но вот выдать себя за интеллигента, не будучи им, никак нельзя – не получится.

В человеческом «я», в натуре Дмитрия Сергеевича Лихачёва, в его творчестве заметно проступали те же самые черты, которые он выделял в русской культуре: человечность, духовность, универсализм, открытость, высокая нравственность. И это не случайно. Ведь сам академик Лихачёв и его научное наследие – это

> «Слово о полку Игореве» – памятник русской литературы XII в. 《伊戈尔远征记》，12世纪俄罗斯文学具有划时代意义的史诗作品。
> Универсализм – всеобъемлющий, всеохватывающий подход (в науке) к чему-либо во всём его многообразии, во всех проявлениях. （哲学术语）普遍主义, 普济主义.

俄罗斯文化阅读

кровная, неотделимая часть культуры России.

На будущее России Дмитрий Сергеевич смотрел с оптимизмом. Он считал, что лучшие времена в стране наступят не раньше 2-й четверти XXI века. Вот как пояснял учёный свою мысль: «40 лет Моисей водил свой народ по пустыням, для того чтобы сменилось несколько поколений. Нужно, чтобы поумирали... люди, которые привыкли действовать сталинскими или брежневскими методами».

Моисей – великий пророк Израиля, по преданию, автор книг Библии (т. н. Пятикнижия Моисея в составе Ветхого Завета). 摩西，犹太先知。传说，旧约《圣经》前五卷是摩西写的，也称《摩西五经》。

Вопросы и задания

1. Чему была посвящена первая научная публикация Д. С. Лихачёва? Чем можно объяснить такой выбор темы?
2. В каких областях науки работал Д. С. Лихачёв?
3. В чём состоял особый дар учёного?
4. Какие основные черты русской культуры выделял академик Лихачёв?
5. Объясните причины высокого авторитета Д. С. Лихачёва в России.
6. Какой смысл имеет слово «интеллигент» в русском языке?
7. Как Д. С. Лихачев оценивал будущее России? Согласны ли вы с ним?
8. Прочитайте отрывки из работ Д. С. Лихачёва и ответьте на вопросы после них.

1. Единство и разнообразие русской культуры

Россию упрекают. Россию восхваляют. Одни считают её культуру несамостоятельной, подражательной. Другие гордятся её прозой, поэзией, театром, музыкой, иконописью... Одни видят в России гипертрофию государственного начала. Другие отмечают в русском народе анархическое начало. Одни отмечают в нашей истории отсутствие целеустремлённости. Другие видят в русской истории «русскую идею», наличие у нас сознания гипертрофированной собственной миссии. Между тем движение к будущему невозможно без точного понимания прошлого и характерного.

Россия необъятна. И не только своим поразительным разнообразием человеческой природы, разнообразием культуры, но и разнообразием уровней – уровней во всех душах её обитателей: от высочайшей духовности до того, что в народе называют «паром вместо души».

Гигантская земля. И именно земля, почва. Она же страна, государство, народ. И недаром, когда шли на поклонение к её святыням, замолить грех или поблагодарить Бога, – шли пешими, босыми, чтобы ощутить её почву и пространство, пыль дорог и траву придорожных тропинок, увидеть и пережить всё по пути. Нет святости без подвига. Нет счастья без трудностей его достижения. Идти тысячи вёрст: до Киева, до Соловков, плыть до Афона – и это тоже частица

Пар вместо души – т.е. бездуховность. 精神缺失。
Киев – город, который считается матерью городов русских, столица древнерусского государства (ныне столица Украины). 基辅，古罗斯的首都，被认为是俄罗斯城市之母，现为乌克兰的首都。
Соловки – группа островов в Белом море; на Соловецких островах расположен Соловецкий монастырь – важный духовный центр русского православия. 位于白海的群岛名称，此处的修道院是俄罗斯东正教的一个重要的宗教中心。
Афон – полуостров в Эгейском море, один из важных центров русского православия и книжности. 位于爱琴海的半岛名称，俄罗斯东正教的一个重要的宗教和文献中心。

42

Исторические знаменитости

России. А возникло это ощущение единства давно. Ведь в самой легенде о приглашении трёх братьев-варягов сказалось представление о братстве племён, ведших свои княжеские роды от родоначальников-братьев.

Русская земля, вся – с будущей Украиной, Белоруссией и Великороссией – была сравнительно слабо населена. Население страдало от этой вынужденной разобщённости, селилось преимущественно по торговым путям – рекам, селилось деревнями. Враги приходили «из невести», степь была «страной незнаемой», западные соседи – «немцы», то есть народы «немые», говорящие на незнакомых языках. Поэтому среди лесов, болот и степей люди стремились подать знак о себе высокими строениями церквей, как маяками, ставившимися на излучинах рек, на берегу озёр, просто на холмах, чтобы их видно было издали. Нигде в мире нет такой любви к сверкающим золотом, издали видным куполам церквей, к рассчитанному на широкие просторы «голосоведению», к хоровому пению, к ярким краскам, контрастным зелёному цвету и выделяющимся на фоне белых снегов чистым цветам народного искусства. И до сих пор, когда я увижу золотую главку церкви или золотой шпиль Адмиралтейства, освещающий собой весь Невский, золотой шпиль Петропавловской крепости – меч, защищающий город, – сердце моё сжимается от сладкого чувства восторга. Золотое пламя церкви или золотое пламя свечи – это символы духовности.

> **Легенда о приглашении трёх братьев-варягов** – согласно летописной традиции в 862 году норманн (варяг) Рюрик, приняв приглашение славян, направился в Новгород с его братьями – Сенеусом и Трувором и начал там княжить. 9世纪中叶，瓦良格人留里克同他的两个兄弟应斯拉夫人之邀前来管理诺夫戈罗德并成为诺夫戈罗德的王公的历史传说。
>
> **Невесть (прост.)** – неизвестность. 不知晓。
>
> **Адмиралтейство** — высший государственный орган Российской Империи, управлявший военным кораблестроением. Здание Адмиралтейства было заложено 5 ноября 1704 г. по чертежам самого Петра I. и представляло из себя крепость. 海军部大厦，俄罗斯帝国时期的海军部，1704年参照彼得大帝亲自设计的图纸而建。
>
> **Петропавловская крепость** – была построена по приказу Петра I в 1703 г., отсюда началась история Петербурга. Со второй четверти 18 в. превратилась в тюрьму для политических заключённых. Ныне входит в состав Музея истории Санкт-Петербурга. 彼得保罗要塞，1703年奉彼得大帝的指令开始建造。圣彼得堡城市就是在该要塞的保护下诞生和发展的。18世纪上半叶它成为国家政治监狱，现在是圣彼得堡历史博物馆的一部分。

Вот почему на Руси так любили странников, прохожих, купцов. Гостеприимство, свойственное многим народам, стало важной чертой характера – русского, украинского и белорусского. Гость разнесёт добрую молву о хозяевах. От гостя можно услышать и об окружающем мире, далёких землях. Потому и вера христианская, как бы наложившаяся на старое доброе язычество, была с таким малым сопротивлением принята на Руси, что она ввела Русь в мировую историю и мировую географию. Люди в своей вере перестали чувствовать себя одиноким народом, получили представление о человечестве в целом.

Но объединяющим началам в русской земле противостоят широкие пространства, разделяющие собой сёла и города. Между городами и сёлами тянулись безлюдные пространства, иногда трудно преодолеваемые. И из-за этого зрели в Руси не только объединяющие, но и разъединяющие начала. Что ни город, то свой норов, то свой обычай. Русская земля всегда была не только тысячей городов, но и тысячей культур. Возьмите то, что больше всего бросается в глаза и что больше всего заботило жителей России, – архитектуру. Архитектура Руси – это целый разнообразный мир. Мир весёлых строительных выдумок, многочисленных стилей, создававшихся по-разному в разных городах и в разные времена. Ничего агрессивного, не допускающего существования зданий другого стиля или другой идеологической наполненности. В Новгороде существовала варяжская божница, была чудинцева улица – улица угро-финского

俄罗斯文化阅读

племени чуди, даже в Киеве был Чудин двор – очевидно, подворье купцов из далёкой северной Эстонии на Чудском озере. А в XIX в. на Невском проспекте, проспекте веротерпимости, как его называли иностранцы, были и голландская церковь, и лютеранская, и католическая, и армянская, и только две православные – Казанский собор и Знаменская церковь.

> **Чудь** – финно-угорские народности, проживавшие к востоку от Онежского озера. 指居住在奥涅加湖东岸的芬兰-乌戈尔民族。

Вопросы и задания

1. За что Россию упрекают и за что её восхваляют?
2. Как и почему возникло в России чувство единства страны?
3. Что раньше значило по-русски слово «немец»?
4. Почему русские любили гостей?
5. В чём проявляется разнообразие русской культуры? Приведите примеры.
6. Подумайте, какая связь между словами «невесть» и «невеста», найдите к ним однокоренные слова.
7. Прочитайте высказывания Д. С. Лихачёва. Объясните, как вы понимаете их смысл.

- *Нам, русским, необходимо, наконец, обрести право и силу самим отвечать за своё настоящее, самим решать свою политику – и в области культуры, и в области экономики, и в области государственного права.*
- *Интеллигент – это человек, обладающий умственной порядочностью, свободный в своих убеждениях, не зависящий от экономических, политических условий, не подчиняющийся идеологическим обязательствам.*

2. Национальная открытость и консерватизм

Рассматривая карту культуры Европы, сколько в ней мы узнаём «своего», нужного для нас! Поэтому-то так важна нам наша природная открытость, воспитанная в нас отсутствием естественных границ. Издания, переводы, отклики на наши произведения за рубежом помогают нам наряду с откликами нашими собственными самоопределиться в мировой культуре, найти в ней своё место. Поэтому-то так важны для нас зарубежные издания и исследования Достоевского, Булгакова, Пастернака и т. д. Поэтому-то так важны для нас внимание к нашей музыке и музыкантам, к нашим иконам и фрескам, впечатления туристов от наших городов, от их индивидуального облика.

Русскому народу приписывается беспрекословная покорность государству. Доля правды в этом есть, ибо в России не было традиционных форм для выражения народного мнения. Поэтому любовь к свободе традиционно выражалась преимущественно в сопротивлениях. Переходы из одного княжества в другое крестьян и отъезды князей и бояр. Уход в казачество, навстречу любым опасностям. Бунты – Медный, Разинский, Пугачёвский и многие другие! Боролись не только за свои права, но и за чужие. Одно из самых удивительных явлений в мировой истории – восстание декабристов. И оно типично русское.

> **Медный бунт** – городское восстание против введения медных денег (1662 г.) 1662年在莫斯科发生的"铜钱暴动"。
> **Разинский бунт** (1670—1671 гг.) – восстание донских казаков под руководством Степана Разина 斯杰潘·拉辛领导的顿河哥萨克人的起义。
> **Пугачёвский бунт** (1773—1775 гг.) – восстание уральских казаков и крестьян под руководством Емельяна Пугачёва. 叶·普加乔夫领导的乌拉尔地区哥萨克人和农民的起义。
> **Декабристы** – участники восстания дворян (14 декабря 1825 г.), направленного на ликвидацию абсолютной монархии в России. 1825年12月14日参加反对俄国君主专制起义的十二月党人。

Исторические знаменитости

Весьма состоятельные люди, люди высокого общественного положения пожертвовали всеми своими сословными и имущественными привилегиями ради общественного блага. Выступили не за свои права, как это обычно бывало во всех выступлениях, а за права тех, чей труд сами перед тем присваивали. В подвиге декабристов много народного.

Русь ещё до татаро-монгольского ига, когда она не выделила из себя украинцев, великорусов и белорусов, знала уже мужество непротивления. Святые Борис и Глеб без сопротивления принимают смерть от своего брата Святополка Окаянного во имя государственных интересов. Тверской князь Михаил и его боярин Фёдор добровольно едут в Орду и там принимают смерть за отказ выполнить языческий обряд. Крестьяне уходят от крепостного права на край света в поисках счастливого Беловодского царства. Староверы предпочитают сжигать себя, чем поддаться искушению изменить вере. И это непротивление злу? Пожалуй, такое сопротивление нечасто знает история.

В русской культуре могли сосуществовать очень древние слои и очень новые, легко образующиеся. Для русского исторического развития характерны одновременно консерватизм и быстрые смены общественных настроений, взглядов. Кажется, что даже самые смены поколений совершаются в России через меньшее число лет, чем на Западе. Это происходит потому, что в русской жизни непременно что-то остаётся от старого, а с другой стороны, есть страстность, развивающая это старое и ищущая нового. Кто бы мог подумать, что у нас и сейчас продолжается традиционное древнерусское иконописание, составление житий святых и переписка рукописей древнерусскими приёмами? Культурный уклад России менялся, с одной стороны, кардинально, с другой – оставлял целостные системы старого. Так было и в эпоху Петра.

Эту особенность русской культуры можно оценивать двойственно: и как благоприятную для её развития, и как отрицательную. Она вела к драматическим ситуациям. Но важно ещё и то, что благодаря ей русская культура включается в удивительно широкие рамки.

Свобода выбора увеличивалась и благодаря открытости русской культуры. Культура всей Европы, всех европейских стран и всех эпох оказывается в зоне нашего наследия. Рядом с Русским музеем существует Эрмитаж, оказавший колоссальное влияние на развитие русской живописи. Перейдя Неву, воспитанники Академии художеств учились у Рембрандта и Веласкеса, у «малых голландцев», которые так повлияли на будущих передвижников. Русская культура благодаря совмещению в ней различных наследий полна внутренней свободы.

О чём же свидетельствует эта широта и поляризованность русского человека? О чём свидетельствуют «уроки России»? Прежде всего – о громадном разнообразии возможностей, скрытых в русском характере, об открытости выбора, о

Непротивление – преодоление зла не насилием, а покорностью, смирением. 不抵抗主义，即不以暴力，而以顺从对抗恶势力的斗争形式。

Борис и Глеб – младшие сыновья Новгородского князя Владимира Святославича. 诺夫戈罗德大公弗拉基米尔的小儿子。

Святополк Окаянный – приёмный сын князя Владимира. 弗拉基米尔大公的养子。

Беловодское царство – это первая русская утопия, мечта народа о счастливой земле. 俄罗斯最早的乌托邦主张。

Жития святых – биографии духовных и светских лиц, канонизированных христианской церковью. 圣者言行录。

Малые голландцы – голландские художники XVII в., их назвали «малыми голландцами» за приверженность к картинам небольшого формата. Представители этого направления в значительной степени способствовали развитию в мировой живописи натюрморта, пейзажа и бытового жанра. 指17世纪的荷兰画家，他们倡导小型的绘画作品，对静物写生画、风景画和日常生活题材的绘画发展起到了积极的推动作用。

Передвижники – группа художников-реалистов (И. Крамской, И. Репин, А. Куинджи, В. Суриков и др.), входивших в Товарищество передвижных художественных выставок (1870 г.). 指19世纪下半叶坚持现实主义风格的巡回展览派画家。

неожиданности появления нового, о возможности бунта против бунта, организованности против неорганизованности, о внутренней свободе русского человека, в котором сквозь завесу дурного может неожиданно вспыхнуть самое лучшее, чистое и совестливое. Исторический путь России свидетельствует о громадных запасах не только материальных благ, но и духовных ценностей. При этом мы видим царственное пренебрежение материальными благами, в уродливых своих формах переходящее в мотовство.

Россия не абстрактное понятие. Развивая её культуру, надо знать, что представляла её культура в прошлом и чем она является сейчас. Как это ни сложно, изучать Россию необходимо.

Вопросы и задания

1. Почему для русских важно внимание к их культуре?
2. Как формулировалась у русских природная открытость?
3. Каким образом русские проявляли сопротивление?
4. Как понять мужество непротивления?
5. В чём проявляется открытость русской культуры?

Российские императрицы

В истории России случилось так, что за 75 лет, прошедших со дня смерти Петра I в 1725 году и до конца XVIII века, Россией правило восемь человек, из них пять женщин. Причём на время правления мужчин пришлось в общей сложности 8 лет, а женщины царствовали 67 лет. Эти 67 лет с лёгкой руки польского историка Казимира Валишевского (1849—1935 гг.) стали называть царством женщин или бабьим царством. Итак, речь пойдёт о русских императрицах, о «просвещённом веке» в истории России.

Краткая историко-хронологическая справка

После смерти Петра I престол перешёл к его жене Екатерине I. Она царствовала всего два года и умерла в 1727 году. Столь же непродолжительным было и следующее царствование – внука Петра I Петра II, отцом которого был царевич Алексей Петрович (сын Петра I).

Со смертью Петра II прервался род Романовых по мужской линии.

Затем наступило десятилетнее правление Анны Иоанновны (1730—1740 гг.) – племянницы Петра I, дочери его старшего брата Ивана V. После смерти бездетной Анны Иоанновны, последовавшей 17 октября 1740 г., правительницей стала внучка Ивана V по женской линии Анна Леопольдовна. Однако правление её оказалось более чем быстротечным. 25 ноября 1741 г. она была свергнута гвардейцами, возведшими на трон дочь Петра I Елизавету Петровну (1709—1761 гг.).

Елизавета Петровна царствовала 20 лет и оставила престол своему племяннику – Петру Федоровичу, ставшему императором Петром III. Он был сыном Анны Петровны (1708—1728 гг.) – дочери Петра I и герцога голштейн-готторпского Карла Фридриха.

Однако и ему не довелось долго управлять Россией: 5 июля 1762 г., всего через полгода после занятия трона, он был убит в результате ещё одного дворцового заговора, совершенного сторонниками его жены Екатерины Алексеевны.

Императрица Екатерина I

Екатерина была объявлена наследницей престола в самый день кончины супруга, Петра I, по общему согласию вельмож и народа.

На корону имел право и девятилетний князь Пётр, сын царевича Алексея Петровича и родной внук покойного императора. Однако императорскую власть вручили Екатерине, тем более, что она обещала считать великого князя своим наследником и вырастить из него государя, достойного имени и крови Петра I.

Приверженцы Екатерины не ошиблись в своих ожиданиях: новое царствование было достойно наследницы Петра. Она с такой точностью

> Голштейн-готторпский – название королевского рода Швеции с 1654 по 1751 гг. 1654—1751年间瑞典王室家族的称呼.

старалась исполнять все известные ей намерения супруга своего, с таким успехом умело довершала начатое им, что конец этого кратковременного царствования, продолжавшегося не более двух лет, был новой горестью для России.

В самом начале своего восшествия на престол государыня исполнила одно из важных намерений Петра – отправила в Северный Ледовитый океан экспедицию под началом капитана Витуса Беринга для того, чтобы узнать, соединяется ли Азия с Америкой твердой землей, или разделяется морем. Беринг узнал, что оконечности Азии и Америки не составляют одного материка, а разделяются проливом (Берингов пролив).

Вскоре после отправления судов Беринга, а именно в мае 1725 г., Екатерина основала Академию наук по плану, сделанному за год до смерти покойным императором. Почти в то же время она учредила орден Святого Александра Невского. Это было также намерение Петра.

Екатерина скончалась 6 мая 1727 г., успев объявить наследником престола внука Петра I Петра Алексеевича. Родные же дочери её великие княжны Анна и Елизавета получили право на корону только в том случае, если Пётр II умрет, не оставив наследников мужского пола.

> Орден Святого Александра Невского – государственная награда Российской империи с 1725 до 1917 года за военные отличия и гражданские заслуги высших чинов. 圣亚历山大·涅夫斯基勋章。俄罗斯帝国时期（1725—1917）的国家勋章，奖励高级将领或官员在军事、民事方面建立的功勋。

Анна Иоанновна

Петр II умер на пятнадцатом году жизни. После долгих консультаций государственные мужи остановили свой выбор на старшей линии династии, связанной с братом Петра I Иваном V. Они решили возвести на престол курляндскую герцогиню Анну Иоанновну.

Дочь Ивана V Анна ещё при Петре I была выдана замуж за герцога Курляндского и, овдовев, жила в одном из прибалтийских городов – Митаве (ныне Елгава). Приглашая Анну Иоанновну на русский престол, сановники исходили прежде всего из интересов правившей аристократии. Они учитывали, что Анна не имела политических связей с русским дворянством.

37-летняя Анна Иоанновна заняла русский престол в 1730 г., она не отличалась ни красотой, ни ярким умом, ни образованностью, мало интересовалась делами государства и передала управление своему фавориту, герцогу Курляндскому Эрнсту Иоганну Бирону – честолюбивому, но ограниченному человеку. Время правления Анны Иоанновны получило название бироновщины и стало олицетворением засилья иноземцев в управлении страной.

В экономику России проникли авантюристы, безнаказанно обворовывавшие страну, такие как, например, Шемберг, грабивший заводы Урала. Политика Бирона вызвала недовольство в кругах русского дворянства. Попытка А.П. Волынского, служившего ещё при Петре I и занимавшего при Анне важный пост кабинет-министра, организовать заговор против Анны Иоанновны и немецкого засилья закончилась неудачно. Он и его ближайшие сторонники были казнены.

Символом правления Анны стала Тайная канцелярия во главе с А.И. Ушаковым, следившая за выступлениями против императрицы и «государственными преступлениями».

Одновременно возрастала власть помещиков над крестьянами. Крестьяне всё прочнее прикреплялись к личности владельца. С 1731 г. помещики стали приносить присягу на верность императору за крестьян. Помещик получил право сам устанавливать наказание за побег крестьянина.

В 1741 г. при содействии французских и шведских дипломатов, заинтересованных в изменении русской внешней политики, произошёл очередной дворцовый переворот. С помощью гренадерской роты Преображенского полка на престол взошла дочь Петра I Елизавета Петровна, декларировавшая возвращение к политике своего отца.

Елизавета Петровна

Дворцовый переворот в пользу Елизаветы Петровны отличали от предыдущих как минимум четыре особенности. Едва ли не главная из них состояла в том, что к захвату власти готовились заранее и в глубокой тайне. Переворот осуществлялся в форме заговора военных, возглавляемого самой Елизаветой. Если раньше перевороты походили на импровизацию, во время которой исполнители действовали от имени претендента на престол, то теперь сама претендентка двинулась во главе заговорщиков в рискованный поход за короной.

Особенность вторая – социальный состав участников. Как и прежде, главным действующим лицом были гвардейцы. Но как разительно отличалась гвардия времен Петра Великого от той, которая была в эпоху, когда престол заняла его дочь! При Петре в гвардейских полках служили преимущественно дворяне; теперь же усилиями Бирона и Миниха, стремившихся максимально обезопасить себя от дворянских притязаний на трон, в гвардии заметно вырос удельный вес крестьян и горожан.

Третья отличительная черта переворота состояла в его национальной направленности. Время, когда у кормила власти находились иностранцы, способствовало пробуждению национального самосознания. Имя Елизаветы Петровны становилось символом русского начала и восстановления величия России, частично утраченного после Петра Великого. Переворот положил конец немецкому засилью и вызвал ликование, выплеснувшееся далеко за пределы гвардейских казарм.

Четвертая особенность заговора заключалась в активном участии в нём иностранных государств, заинтересованных в смене ориентации внешней политики России.

В молодости Елизавета Петровна была равнодушна к власти, не претендовала на корону ни после смерти своей матушки, ни после смерти своего племянника и не составила конкуренции герцогине Курляндской при её восшествии на престол.

Политическая активность Елизаветы в конце 30 – начале 40-х годов резко возросла. Для того чтобы всеобщий ропот вельмож против немецкого засилья приобрел организованные очертания, требовалось имя, способное сплотить вокруг себя национальные силы. И лучшей кандидатурой на эту роль стала дочь Петра I, единственная представительница русского начала в династии Романовых.

Пётр Великий готовил из своих дочерей не государственных деятелей, а невест для пусть и не очень знатных, но европейских принцев. Отсюда вытекала весьма скромная программа их обучения и воспитания. Вот перечень предметов, которым обучали Анну и Елизавету: иностранные языки и светское обхождение. Мать их понятия не имела о том, как надлежит воспитывать царских детей. Отец был обременён военными заботами и не мог уделить должного внимания дочерям.

Как мы знаем, сам Пётр в детские годы тоже не приобрёл необходимых знаний, но ему удалось восполнить пробелы образования чтением книг. Его старшая дочь Анна также читала много и с интересом. Елизавета книг не читала, а само

> Миних фон Бурхард-Христофор (1683—1767 гг.) – русский государственный деятель, фельдмаршал. 米尼希，俄国国务活动家和元帅。

чтение считала вредным для здоровья, ссылаясь при этом на старшую сестру, которая, по её мнению, заболела от чрезмерного увлечения книгами. Подобно Анне Иоанновне, Елизавета Петровна не была подготовлена к управлению огромной империей.

Суждения современников о внешности Елизаветы Петровны единодушны – все считали её женщиной необыкновенной красоты и в девическом возрасте, и тогда, когда ей перевалило за пятьдесят.

Увлечения императрицы – увеселения и наряды – имели два пагубных следствия. Во-первых, расточительность двора истощала казну. «В казне – ни гроша, расходы же и расточительность двора возрастают изо дня на день», – писал современник императрицы, воспитатель великого князя.

Другое, более важное следствие состояло в том, что в угаре ежедневного веселья императрице не оставалось времени для управления государством. Ни в юные годы, ни в зрелом возрасте государыня не обнаружила черт характера своего знаменитого отца. Современники столь же единодушны в оценке прилежания императрицы, как и в характеристике её внешности: утруждать себя серьёзными делами она не умела и не хотела.

Тем не менее двадцатилетнее царствование Елизаветы оставило благоприятные воспоминания у современников и потомков. Едва ли не самая важная акция, исходившая от императрицы, связана с обетом, данным ею при восшествии на престол, – не проливать кровь подданных. Указ, отменявший смертную казнь, был обнародован в 1744 году. Елизавета Петровна свято соблюдала свой обет.

Немалая роль в законотворчестве принадлежала фаворитам и лицам из ближайшего окружения государыни. Анна Иоанновна и Елизавета Петровна сами выбирали себе фаворитов по своему вкусу и запросам. Угрюмая Анна Иоанновна остановила выбор на свирепом Бироне. Иным представляется облик елизаветинского фаворита Алексея Григорьевича Разумовского. Если внешность Бирона и его манера держаться отталкивали, то доступность и простота обращения Разумовского, его готовность помочь человеку, оказавшемуся в беде, напротив, притягивали.

Именно в годы правления Елизаветы Россия вышла из почти беспрерывной череды войн, и только Семилетняя война (1756—1763 гг.), была временем, когда гремели пушки, но и то не на русской, а на прусской территории.

Можно утверждать, что в годы правления Елизаветы Петровны произошло и общее смягчение нравов. Достаточно успешно развивалась русская культура.

К царствованию Елизаветы Петровны относится открытие Московского университета (1755 г.) – первого в России светского высшего учебного заведения, и Морского шляхетского кадетского корпуса (1752 г). Продолжали существовать и учебные заведения, созданные Петром I.

При университете в Москве была открыта гимназия, вторая начала действовать в Казани. Успешно работала и Академия наук, в которой трудились М. В. Ломоносов, Леонард Эйлер, Даниил Бернулли – учёные мирового класса. Были изданы «Описание земли Камчатки» С. П. Крашенинникова, сочинения М. В. Ломоносова, множество переводных книг с латинского, немецкого, голландского, французского языков. Первый русский журнал «Ежемесячные сочинения, к пользе и увеселению служащие» стал выходить в Петербурге в 1755 г. Это был научно-популярный журнал по многим отраслям знания.

Императрицу Елизавету весьма заботил внешний вид Москвы и Петербурга. Она издала немало указов, касающихся облика и быта обеих столиц. К этому времени относится немалое количество замечательных памятников зодчества, в том числе Зимний дворец в Петербурге, Большой Царскосельский дворец, Смольный собор, дворцы елизаветинских вельмож. Все эти шедевры созданы архитектором В. В. Растрелли. Возникновение интереса к изящным искусствам в русском обществе напрямую связано с увлечением ими самой императрицы. Можно сказать, профессиональный театр, опера, балет, хоровое пение вышли из стен её дворца. Впервые в России стали даваться публичные концерты с участием императорского оркестра, которые могли посещать не только придворные, но и все желающие. На этих концертах русские слушатели познакомились с арфой, мандолиной, гитарой.

Елизавета Петровна царствовала двадцать лет и один месяц. Ещё при жизни она стала задумываться о том, кому передать трон. С этой целью из Голштинии (столица город Киль) был выписан её 14-летний племянник Карл Петр Ульрих, получивший после перехода в православие имя Пётр. Он был внучатым племянником Карла XII по отцовской линии и одновременно внуком Петра I по материнской линии. По достижении Петром совершеннолетия прусский король Фридрих II рекомендовал ему в жёны дочь одного из мелких немецких князьков Софью Августу Фредерику Ангальт-Цербстскую, получившую в России имя Екатерины Алексеевны.

Пётр III процарствовал шесть месяцев.

Приговор двора, гвардии и духовенства был единодушен: Пётр III не похож на настоящего государя. Антинациональная внешняя политика, потеря Россией всех её достижений в ходе Семилетней войны довершили дело. 28 июня 1762 г. гвардия совершила переворот в пользу жены Петра III Екатерины II.

Императрица Екатерина II

Царствование Екатерины II – это целая эпоха русской истории, а исторические эпохи обыкновенно не замыкаются в пределах человеческого века, не кончаются с жизнью своих творцов.

Одни говорили о том времени с восторженным одушевлением или с умилённым замиранием сердца: блестящий век, покрывший Россию бессмертной, всемирной славой её властительницы, время героев и героических дел, эпоха широкого небывалого размаха русских сил, изумившего и напугавшего вселенную. По мнению других, вся эта героическая эпопея была не что иное, как театральная феерия, которую из-за кулис двигали славолюбие, тщеславие и самовластие; великолепные учреждения царица заводила для того только, чтобы прослыть их основательницей.

В эпоху Екатерины II, так же как в эпоху Петра I, Россия добилась наивысшего могущества.

Екатерина II – смелая, умная, образованная женщина превратилась на своей новой Родине, в России, из провинциальной немецкой принцессы, каких было много, в великую государыню и убеждённую русскую патриотку.

У неё был ум не особенно тонкий и глубокий, зато гибкий и осторожный, сообразительный, «умный ум», который знал своё место и время и не колол глаз другим, Екатерина умела быть умна кстати и в меру. У неё вообще не было никаких выдающихся способностей или талантов. Но был один счастливый дар, производивший наиболее сильное впечатление: памятливость, наблюдательность, догадливость, чутьё ситуации, умение быстро схватить и обобщить все наличные данные, чтобы вовремя принять решение.

Екатерина любила архитектуру, живопись, театр, скульптуру, но музыки не понимала и откровенно признавалась, что для неё это шум и больше ничего.

Екатерину выручало её испытанное самообладание, выработанное ею ещё в те времена, когда в незавидном положении брошенной жены, оскорбляемая мужем как жена и как женщина, она наедине с собой обливалась слезами, но тотчас вытирала глаза и как ни в чём не бывало, с весёлым лицом выходила в общество. Недаром она хвалилась, что никогда в жизни не падала в обморок. До поздних лет, уже на седьмом десятке, в добрые и худые дни, она встречала являвшихся по утрам статс-секретарей со своей всегдашней, всем знакомой улыбкой.

Современники удивлялись трудолюбию Екатерины. Она хотела всё знать, за всем следить сама. Она любила, чтобы её тормошили, и признавалась, что от природы любит суетиться и, чем более работает, тем бывает веселее. Занятия шли у неё в строго размеренном порядке, изо дня в день, но, по её словам, в это однообразие входило столько дел, что ни минуты не оставалось на скуку. Когда наступали важные внешние или внутренние дела, она обнаруживала усиленную деятельность, по её выражению, суетилась, не двигаясь с места, работала, как осёл, с 6 часов утра до 10 вечера, до подушки, «да и во сне приходит на мысль всё, что надо было бы сказать, написать или сделать».

В молодости она много работала над своим образованием и рано запаслась разнообразными сведениями. Приобретенный запас знаний она старалась пополнять и на престоле. Она хотела стоять на уровне с достижениями века. С.-Петербургский Эрмитаж со своими картинами, ложами Рафаэля, тысячами гравюр, камей – монументальный свидетель её забот о собирании художественных богатств, а в самом Петербурге и его окрестностях, особенно в Царском Селе, сохранились ещё многие сооружения иностранных мастеров Тромбара, Кваренги, Камерона, Клериссо, работавших по её заказам, не говоря уже о русских художниках – Чевакинском, Баженове и многих других. Читая во французских переводах Плутарха, Тацита и других древних писателей, из романов, драм, опер, разных историй она запаслась множеством политических и нравственных примеров, изречений.

Наиболее сильное действие на политическое образование Екатерины оказало её столь известное знакомство с тогдашнею литературой просвещения – с Монтескье и Беккариа, и особенно с Вольтером, которого она благоговейно называла своим учителем и которому писала, что желала бы знать наизусть каждую страницу его «Опыта» всеобщей истории. Вольтеру она была благодарна и за то, что он ввёл её в моду.

Важнейшими направлениями деятельности Екатерины стала реформа законодательства, перестройка административной системы, а также судебная реформа.

Императрица не раз повторяла: «Что бы я ни делала для России, это будет только капля в море... но после меня будут следовать моим началам и докончат недоделанное». Ей самой также пришлось «доделывать многое, из того, что не смогли исполнить её предшественники. Из наспех сколоченного Петром I государства Екатерина, проводя колоссальную законодательную работу,

> Плутарх (ок. 45—ок. 127 гг.) – один из известнейших греческих писателей и философов римского периода. 普卢塔克，古希腊作家、历史学家、哲学家。
> Тацит (ок. 58—ок. 117 гг.) – римский историк. 塔西佗，古罗马历史学家。
> Монтескье (1689—1755 гг.) – французский писатель, правовед, философ. 孟德斯鸠，法国作家、法学家、哲学家。
> Беккариа (1738—1794 гг.) – итальянский просветитель, юрист, публицист. 贝卡里亚，意大利启蒙思想家、法学家、政论家。
> Вольтер Мари-Франсуа (1694—1778 гг.) – французский писатель, философ-просветитель, историк. 伏尔泰，法国作家、哲学家、启蒙思想家、历史学家。

превратила Россию в сильную европеизированную державу. Армия и флот доставили России немало славных побед.

Правлением Екатерины II в России закончилось «женское царство». Пришедший к власти Павел I, сын императрицы, стремясь утвердить свои права и права своих наследников на престол, издал «Учреждение об императорской фамилии», в котором впервые в истории России установил твёрдый и незыблемый порядок престолонаследия в государстве. Отныне престол мог занять только прямой потомок императора по мужской линии, а императрица могла быть только регентшей при малолетнем наследнике. Женщины получали право на престолонаследие лишь когда не оставалось представителей династии мужчин. С тех пор на престоле России не было ни одной женщины.

Вопросы и задания

1. Была ли Екатерина I достойной наследницей Петра I?
2. Чем отличается правление Анны Иоанновны?
3. Что получило достаточно успешное развитие при Елизавете Петровне?
4. Почему эпоху Екатерины II считают периодом наивысшего могущества в истории России?
5. Что помогло Екатерине II стать одним из великих императоров в истории России?

俄罗斯文化传统

Исторические реалии

Предисловие

Культура – это совокупность материальных и духовных ценностей, созданных человечеством на протяжении истории, результат созидательной творческой деятельности людей. И тогда оказывается, что культура – это процесс, в котором человек может выступать в качестве Творца, Носителя и Потребителя.

Культура России исчисляется тысячелетием. И за это время накоплено богатое наследие Пушкина, Чехова, Толстого, Достоевского, Блока, Пастернака, Солженицына; музыка Мусоргского, Глинки, Чайковского, Прокофьева; русские иконы Феофана Грека и Андрея Рублёва, живопись Репина, Сурикова, Александра Иванова, Левитана, Серова, Малевича; русский театр, философия, наука (вспомним Ломоносова, Менделеева, Вернадского, Павлова) и т. д. и т. п. Конечно, всего не перечислишь, но именно это – фундамент, который позволяет России как государству преодолевать очередные непростые годы. А сохранять и преумножать культурные достижения помогает память об исторических реалиях России.

В данном разделе мы знакомим читателей с некоторыми явлениями русского культурного быта, оставившими заметный след в российской истории и повлиявшими на судьбы великих сынов своей страны, ставшие роковыми для многих из них.

Дуэль в истории России

Известно, что в Россию дуэль как обычай пришла с Запада. Но и там она существовала не вечно. Время зарождения классической дуэли в Западной Европе можно отнести к эпохе позднего средневековья, примерно к XIV веку, когда окончательно сформировалось и расцвело рыцарское сословие – предшественник дворянства – с его понятиями о чести, во многом чуждыми простолюдину или купцу. В XVI в. дуэли приняли уже такой угрожающий размах и уносили столько жизней, что короли начали бороться с этим обычаем. Так, за 16 лет царствования Генриха IV во Франции было убито на дуэлях от 7 до 8 тысяч человек. Знаменитый кардинал Ришелье запретил дуэли под

Исторические реалии

страхом смерти, объявив, что дворянин может жертвовать своей жизнью только в интересах короля. Людовик XIV в 1679 году специальным эдиктом учредил суд маршалов для разрешения всех вопросов чести.

Но ничто не помогало. Дворянство упорно избегало вмешательства государства и судов в дела чести. Признавая право короля распоряжаться их жизнью и службой, оно отвергало право решать вопросы, связанные с честью и достоинством. Отказ от поединка считался несмываемым позором.

В России поединки чести возникли в петровское время. Тогда же в «Уставе воинском» появилась глава «Патент о поединках и начинании ссор». Пётр I запрещал распоряжаться жизнью подданных – судить их мог только царь. В «Уставе» строго определена вина каждого дуэлянта: «ежели случится, что двое на назначенное место выедут, и один против другого шпаги обнажат, то Мы повелеваем таковых, хотя никто из оных уязвлен или умерщвлён не будет, без всякой милости, так же и секундантов или свидетелей, на которых докажут, смертию казнить и оных пожитки отписать. <...> Ежели же биться начнут, и в том бою убиты и ранены будут, то как живые, так и мертвые повешены да будут».

Петровский Указ не был отменён ни во времена Александра I, ни при Николае I, но никогда не исполнялся. Дуэлянта приговаривали к смерти, а потом казнь заменяли разжалованием в солдаты и ссылкой – чаще всего на Кавказ, «под пули горцев». Впрочем, в глазах общества такой человек «с историей» выглядел героем, и барышни влюблялись в молодых страдальцев, у кого, по словам лермонтовского Печорина, «под толстой шинелью бьётся сердце страстное и благородное».

Дуэль – поединок чести, основанный на соблюдении строгих правил дуэльного кодекса, который утверждал: «Дуэль не должна ни в коем случае, никогда и ни при каких обстоятельствах служить средством удовлетворения материальных интересов одного человека или какой-нибудь группы людей, оставаясь всегда исключительно орудием удовлетворения интересов чести»[1]. Цель этих правил – поставить противников в равные условия, чтобы ни один из них не имел преимуществ. Во Франции дуэль чаще всего происходила на шпагах и дуэльные правила были гораздо мягче, чем в России. Русские дрались почти всегда на пистолетах и стрелялись на расстоянии, 10—12 шагов или ещё меньше, смотря по тяжести нанесенного оскорбления. Здесь уж было не до шуток, какими обменивались французские дуэлянты. Нередким был смертельный исход для одного из противников, а иногда и обоих.

Поведение человека во время дуэли, как и на поле сражения, создавало ему репутацию храбреца или труса. Самым большим шиком считалась демонстрация равнодушия, даже презрения к смерти. В повести Пушкина «Выстрел» граф явился к барьеру с черешнями, которые он преспокойно ел под дулом пистолета. Это взбесило противника, отложившего свой выстрел до случая, когда граф будет больше дорожить своей жизнью.

Эдикт – письменное распоряжение, приказ. 书面命令.

Горец – чеченец, живший в горах. 生活在山区的车臣人.

Григорий Печорин – герой романа М. Ю. Лермонтова «Герой нашего времени». 格利戈里·毕巧林，莱蒙托夫小说《当代英雄》里的主人公.

---

1 Гордин А.Я. Дуэли и дуэлянты. – СПб.,1996. – с. 31-32.

Подобный случай рассказывали о самом Пушкине: «В Кишиневе Пушкин имел две дуэли. Одну из-за карт с каким-то офицером. Дуэль была оригинальная, Пушкин явился с черешнями и, пока офицер целился в него, преспокойно кушал ягоды. Офицер стрелял первым, но не попал. Наступила очередь Пушкина. Вместо выстрела поэт спросил:

— Довольны ли вы?

И когда дуэлянт бросился к Пушкину в объятия, он отстранил его и со словами «это лишнее» — спокойно удалился.

Пушкину в это время было всего 20 лет. В Кишиневе он оказался окружен военными, многие из которых прошли поля сражений 1812 года, а ему, молодому человеку, ещё надо было доказать свою храбрость, своё презрение к смерти. Он выстоял под дулом пистолета, но отказался от своего выстрела. По правилам дуэльной чести отказаться от выстрела или выстрелить в воздух мог только тот, кто стрелял вторым – ведь он уже доказал свою смелость – и только в том случае, когда оскорбление было несерьёзным. Зато тот, кто струсил во время поединка, наказывается общественным презрением и уже никто в обществе не примет от него вызов – за ним больше не признавали прав чести.

Дуэль начиналась с того, что человек, считающий себя оскорблённым и требующий удовлетворения, то есть сатисфакции, посылал противнику вызов, или картель. По принятому ритуалу вызов мог быть или сделан на месте или его присылали в письменном виде – картель передавал секундант. Онегину вызов Ленского привез Зарецкий, секундант оскорблённого поэта.

После вызова противники больше не общаются друг с другом – условия дуэли обсуждают секунданты. Они уславливаются о месте и времени поединка, приобретают и проверяют дуэльные пистолеты. Лучшими в пушкинское время считали пистолеты парижского оружейника Лепажа, но пули к ним опытные дуэлянты предпочитали отливать сами, а не пользоваться готовыми. Надо было ещё позаботиться о карете – достаточно вместительной, чтобы довезти раненого, и о докторе. Учитывая запреты на дуэль и уголовную ответственность, которая грозила каждому участнику или свидетелю поединка, это было делом нелёгким.

На 20 — 40-е гг. XIX века приходятся громкие дуэли Пушкина с Дантесом, Грибоедова с Якубовичем, Лермонтова с де Барантом и Мартыновым. До потомков дошёл текст условий дуэли между Пушкиным и Дантесом, которая состоялась 27 января 1837 года. Для иллюстрации приведем его полностью:

«Правила дуэли между господином бароном Жоржем Геккереном и господином Пушкиным:

1) Противники ставятся на расстоянии 20 шагов друг от друга и 10 шагов от барьеров, расстояние между которыми равняется 10 шагам.

2) Вооружённые пистолетами противники, по данному знаку идя один на другого, но ни в коем случае не переступая барьера, могут стрелять.

3) Сверх того принимается, что после выстрела противникам не дозволяется менять место, для того чтобы выстреливший первым подвергся огню своего противника на том же самом расстоянии.

4) Когда обе стороны сделают по выстрелу, то в случае безрезультатности поединок

А. И. Якубович (1797 — 1845 гг.) – декабрист, капитан Нижегородского драгунского полка. 阿·依·亚库博维奇，十二月党人，下诺夫戈罗德骑兵团的大尉。

Эрнест де Барант – сын французского посланника, за дуэль с которым Лермонтов был сослан на Кавказ. 艾尔涅斯特·德·巴兰特，法国公使的儿子，莱蒙托夫因与他决斗被流放到高加索。

Николай Мартынов – бывший товарищ М. Ю. Лермонтова по юнкерской школе. 尼古拉·马尔蒂诺夫，莱蒙托夫在军官学校学习时的校友。

Исторические реалии

возобновляется как бы в первый раз, противники ставятся на то же расстояние в 20 шагов, сохраняются те же барьеры и те же правила.

> **Романтизм** – направление в литературе (конец XVIII — 1-ая половина XIX веков). 浪漫主义，18世纪末至19世纪上半叶欧洲文学中的一种文艺思潮。
>
> **Выбросить за борт** – изгнать, 驱逐。

5) Секунданты являются непосредственными посредниками во всяком отношении между противниками на месте.

6) Секунданты, нижеподписавшиеся и облечённые всеми полномочиями, обеспечивают, каждый свою сторону, своей честью строгое соблюдение изложенных здесь условий.

В разное время отношение к дуэли менялось. В середине XVII века такое распоряжение своей жизнью представлялось нерациональным, неразумным. В период романтизма дуэли случаются очень часто – как говорил Пушкин, всё, что грозит гибелью, для человека очень привлекательно. Главное даже не в лихости дуэлянтов – это доказательство того, что есть ценности, которые дороже самой жизни и которые неподвластны государству – честь, человеческое достоинство. При отсутствии законов, охраняющих личность, для порядочного человека дуэль оказывалась единственным средством защитить свою честь и честь своих близких.

Бывали и трагикомические случаи. Один из них описывает в своих «Записках революционера» князь П.А. Кропоткин. Некий офицер был оскорблён Александром III ещё в бытность его наследником престола. Находясь в неравном положении и не имея возможности вызвать на дуэль самого цесаревича, офицер послал ему записку с требованием письменного извинения, в противном случае угрожая самоубийством. Будь наследник более чутким, он бы извинился или сам дал удовлетворение человеку, не имевшему возможности вызвать его. Но он не сделал этого. По истечении 24 часов офицер в точности исполнил своё обещание и застрелился. Разгневанный Александр II резко отчитал сына и приказал ему сопровождать гроб офицера на похоронах.

В начале прошлого столетия дуэли были в России довольно частым явлением. Затем наступили иные времена. Лучшие представители русской интеллигенции и офицерства с их понятиями о личной чести были революцией выброшены за борт, оказались на чужбине. В пролетарском государстве такие понятия, как честь и долг, поначалу вообще были объявлены пережитками эксплуататорского прошлого. На смену дуэлям пришли доносы, понятие государственной пользы затмило всё остальное, на смену благородству пришли фанатизм одних и расчётливость других.

Вопросы и задания

1. Когда и откуда пришёл в Россию обычай дуэли?
2. Чем объясняется распространение в России дуэли?
3. Как относилось к дуэлянтам российское общество?
4. Кому из известных вам исторических личностей в России приходилось участвовать в дуэли в своей жизни?
5. Чем отличалась дуэль во Франции от дуэли в России?
6. Что нужно было сделать, чтобы подготовить дуэль?
7. Каков был исторический путь дуэли в России?

俄罗斯文化阅读

Прочитайте дополнительные тексты и выразите своё отношение к такому явлению, как дуэль, а также к личности Пушкина.

Тема дуэли в прозе А. С. Пушкина

В 30-е годы XIX века Пушкин всё чаще обращается к прозе. В период творческого подъёма он создаёт пять небольших произведений, объединённых общим названием «Повести покойного Ивана Петровича Белкина». Литературной критикой они были оценены по-разному: их объявляли шуткой, шалостью гения и в то же время за ними признавали глубокое философское содержание.

Сборник открывает романтическая повесть «Выстрел», поставленная самим автором на первое место. В основе её лежит тема мести за нанесённое оскорбление. Кодекс чести русского дворянина предусматривал лишь одну возможность восстановления чести – смертельный поединок. Напряжённый авантюрный сюжет пушкинской повести построен на истории двух дуэлей, точнее одной – прерванной, остановленной по прихоти одного из её участников, но доведённой до конца через несколько лет. Главный герой повести – бретёр, отчаянно смелый дуэлянт, человек гордый, самолюбивый и мстительный. Прототипом этого героя стал известный в русском обществе граф Фёдор Толстой, с которым у самого Пушкина в молодости едва не произошла дуэль. История этого человека поражала всех. В его жизни было множество поединков, на дуэлях он убил 11 человек, имена которых аккуратно записывал в свой синодик. Из его 12 детей почти все умерли во младенчестве. Когда умирал ребёнок, граф вычёркивал из синодика одно из имён убитых им людей и сбоку писал слово «квит». После того как умер одиннадцатый ребёнок, прелестная умная девочка, Толстой вычеркнул последнее имя убитого и сказал: «Ну, слава Богу, хоть двенадцатый мой ребёнок будет жить». Так и случилось.

Действие повести происходит в маленьком местечке, где стоит армейский полк. Главный герой со странным для России именем Сильвио не военный, хотя является душой офицерского общества. Сильвио окружён таинственностью, чем особенно привлекает молодых офицеров. Его злой язык и необычный резкий характер воздействуют на молодые умы. В точности никто о нём ничего не знает: неизвестно, почему он вышел в отставку, русский он или иностранец, на какие средства живёт. Сильвио потрясающе владеет искусством стрельбы из пистолета, но при этом никогда не рассказывает о своих дуэльных подвигах. Всё это заставляет молодых офицеров подозревать, что в прошлом Сильвио была какая-то таинственная история. В храбрости его никто не сомневается, весь его облик свидетельствует о силе характера.

Однажды Сильвио получает письмо, необыкновенно его взволновавшее. Он приглашает офицеров отобедать у него в последний раз, объяснив, что обстоятельства требуют его немедленного отъезда. После ухода гостей Сильвио рассказывает Ивану Петровичу Белкину, бывшему в этом местечке его ближайшим товарищем, историю одной своей прерванной дуэли, которую он обязан завершить, так как выстрел остался за ним.

Друзья расстаются навсегда, но проходит несколько лет, и судьба сводит Белкина с другим человеком, который также рассказывает ему о необычной и странной дуэли. Так история

Прихоть – каприз. 任性。
Бретёр – (устар.) человек, готовый драться на дуэли по всякому поводу: дуэлянт. 好决斗的人。
Синодик – (устар.) памятная книжка, куда вписывались имена умерших для поминовения их в церкви. 追荐亡人名簿(备在教堂中祈祷他们灵魂安息)
Квит – в расчёте: рассчитаться, расквитаться. (账目等)两清，两不欠。

Сильвио неожиданно получает своё продолжение. Читатель узнаёт о том, как Сильвио сделал свой выстрел.

В двух отрывках из повести приводятся оба рассказа её героев, участников той самой дуэли.

«Выстрел» (отрывки из повести)

I

Я служил в гусарском полку. Характер мой известен: я привык первенствовать, но в молодости это было моей страстью. В наше время буйство было в моде: я был первым буяном в армии. Мы хвастались пьянством, дуэли в нашем полку случались поминутно: я на всех бывал или свидетелем, или действующим лицом. Товарищи меня обожали, а полковые командиры смотрели на меня, как на необходимое зло. Я спокойно (или беспокойно) наслаждался моей славой, когда определился к нам молодой человек богатой и знатной фамилии. Никогда не встречал я счастливца столь блистательного! Представьте себе молодость, ум, красоту, весёлость самую бешеную, храбрость самую беспечную, громкое имя, деньги, которым не знал он счёта. Он стал было искать моей дружбы, но я принял его холодно, и он безо всякого сожаления от меня отошёл. Я его возненавидел. Успехи его в полку и в обществе женщин приводили меня в отчаяние. Я стал искать с ним ссоры, на эпиграммы мои отвечал он эпиграммами, которые всегда казались мне неожиданнее и острее моих и которые, конечно, были гораздо веселее: он шутил, а я злобствовал. Наконец однажды на балу, видя его предметом внимания всех дам, и особенно самой хозяйки, с которой у меня была связь, я сказал ему на ухо какую-то плоскую грубость. Он вспыхнул и дал мне пощёчину. Мы бросились к саблям, дамы попадали в обморок, нас растащили, и в ту же ночь поехали мы драться.

Это было на рассвете. Я стоял на назначенном месте с моими тремя секундантами. С невыразимым нетерпением ожидал я моего противника. Весеннее солнце взошло. Я увидел его издали. Он шёл пешком, сопровождаемый одним секундантом. Мы пошли к нему навстречу. Он приблизился, держа фуражку, наполненную черешнями. Секунданты отмерили нам двенадцать шагов. Я должен был стрелять первым, но злобное волнение во мне было столь сильно, что я не понадеялся на верность руки и, чтобы дать себе время остыть, уступал ему первый выстрел, противник мой не соглашался. Решили бросить жребий: первый номер достался ему, вечному любимцу счастья. Он прицелился и прострелил мне фуражку. Очередь была за мной. Жизнь его наконец была в моих руках, я глядел на него жадно, стараясь уловить хоть тень беспокойства... Он стоял под пистолетом, вынимая из фуражки спелые черешни и выплёвывая косточки, которые долетали до меня. Его равнодушие взбесило меня. Какая польза мне, подумал я, лишить его жизни, когда он ею вовсе не дорожит? Злобная мысль мелькнула в моём уме. Я опустил пистолет. «Вам, кажется, теперь не до смерти, — сказал я ему, — вы изволите завтракать, мне не хочется вам мешать...» — «Вы ничуть не мешаете мне, — возразил он, — извольте себе стрелять, а впрочем, как вам угодно, выстрел ваш остаётся за вами, я всегда готов к вашим услугам». Я обратился к секундантам, объявив, что нынче стрелять не намерен, и поединок тем и кончился.

Я вышел в отставку. С тех пор не прошло ни одного дня, чтобы я не думал о мщении. Ныне час мой настал...

Еду в Москву. Посмотрим, так ли равнодушно примет он смерть перед свадьбой, как некогда ждал её за черешнями.

俄罗斯文化阅读

II

Пять лет тому назад я женился. Медовый месяц провёл я здесь, в этой деревне. Этому дому обязан я лучшими минутами жизни и одним из самых тяжёлых воспоминаний.

Однажды вечером ездили мы вместе верхом, лошадь у жены что-то заупрямилась, Маша испугалась и пошла пешком домой, я поехал вперёд. На дворе увидел я дорожную телегу, мне сказали, что у меня в кабинете сидит человек, не хотевший объявить своего имени, но сказавший просто, что у него ко мне есть дело. Я вошёл в эту комнату и увидел в темноте человека, запылённого и обросшего бородой, он стоял здесь у камина. Я подошёл к нему, стараясь припомнить его черты. «Ты не узнал меня, граф?» — сказал он дрожащим голосом. «Сильвио!» — закричал я, и признаюсь, я почувствовал, как у меня волосы встали дыбом. — «Так точно, — продолжал он, — выстрел за мной, я приехал разрядить мой пистолет; готов ли ты?» Пистолет у него торчал из бокового кармана. Я отмерил двенадцать шагов и стал там, в углу, прося его выстрелить скорее, пока жена не вернулась. Он медлил. Я запер двери, не велел никому входить, и снова просил его выстрелить. Он вынул пистолет и прицелился... Я считал секунды... я думал о ней... Ужасная прошла минута! Сильвио опустил руку. «Жалею, — сказал он, — что пистолет заряжен не черешневыми косточками... пуля тяжела. Мне всё кажется, что у нас не дуэль, а убийство: я не привык целить в безоружного. Начнём снова; кинем жребий, кому стрелять первому». Голова моя шла кругом... Кажется, я не соглашался.... Наконец мы зарядили ещё пистолет; свернули два билета, он положил их в фуражку, некогда мною простреленную; я вынул опять первый номер. «Ты, граф, дьявольски счастлив», — сказал он с усмешкой, которую никогда не забуду. Не понимаю, что со мной было, и каким образом мог он меня заставить... но — я выстрелил и попал вот в эту картину.

Слава Богу, я дал промах, тогда Сильвио (в эту минуту он был, право, ужасен) стал в меня прицеливаться. Вдруг двери отворились. Маша вбегает и с визгом кидается мне на шею. Ее присутствие возвратило мне бодрость. «Милая, — сказал я ей, — разве ты не видишь, что мы шутим? Как же ты перепугалась. Иди, выпей стакан воды и приди к нам, я представлю тебе старинного друга и товарища». Маше всё ещё не верилось. «Скажите, правду ли муж говорит? — сказала она, обращаясь к грозному Сильвио. — Правда ли, что вы оба шутите?» — «Он всегда шутит, графиня, — ответил ей Сильвио, — однажды дал он мне, шутя, пощёчину, шутя прострелил мне вот эту фуражку, шутя дал сейчас по мне промах, теперь и я хочу пошутить...». С этими словами он хотел в меня прицелиться... при ней! Маша бросилась к его ногам. «Встань, Маша, стыдно! — закричал я в бешенстве, — а вы, сударь, перестанете ли издеваться над бедной женщиной? Будете ли вы стрелять, или нет?» — «Не буду, — отвечал Сильвио, — я доволен: я видел твоё смятение, твою робость, я заставил тебя выстрелить по мне, с меня довольно. Будешь меня помнить. Предаю тебя твоей совести». Тут он было вышел, но остановился в дверях, оглянулся на простреленную мною картину, выстрелил в неё, почти не целясь, и скрылся. Жена лежала в обмороке, слуги не смели его остановить и с ужасом на него глядели; он вышел на крыльцо, кликнул ямщика, и уехал прежде чем успел я опомниться.

Билет – (здесь) небольшой клочок бумага. 小纸片。

60

Исторические реалии

Смерь Пушкина

Через 7 лет после выхода в свет повести «Выстрел» произошла дуэль Пушкина с Дантесом, закончившаяся для великого русского поэта трагически.

Дуэль планировалась её участниками «до смертельного исхода»: расстояние между барьерами было всего 10 шагов, что само по себе делало смерть участников почти неминуемой. Её неизбежность гарантировал один из пунктов правил, составленных секундантами: в случае безрезультатности первого обмена выстрелами дуэль возобновлялась, «как бы в первый раз», на тех же жестоких условиях.

Дуэль происходила в январе. Снег сверкал вдалеке за городом под холодными лучами багрового солнца. Двое саней, сопровождаемые каретой, одновременно выехали из Петербурга. Оба противника вошли в небольшую берёзовую рощу. Их секунданты выбрали площадку. Пушкин наблюдал за их действиями нетерпеливым и хмурым взглядом. Как только приготовления были закончены, соперники встали друг против друга. Был подан знак, Дантес сделал несколько шагов, медленно поднял своё оружие, и в тот же миг раздался выстрел. Пушкин упал, его противник бросился к нему. «Стой! — крикнул раненый, пытаясь приподняться. И, опираясь одной рукой на снежный наст, он повторил этот возглас: — Я ещё могу выстрелить и имею на это право». Дантес вернулся на своё место, секунданты отошли в сторону. Поэт, перенеся с трудом тяжесть своего тела на левую руку, стал долго целиться. Вдруг, заметив, что его оружие покрыто снегом, он потребовал другое. Он невероятно мучился, но его воля была сильнее физического страдания. Он взял другой пистолет, взглянул на него и выстрелил. Дантес пошатнулся и упал. «Браво!» — воскликнул Пушкин и бросил пистолет в сторону. Но эта радость длилась недолго. Дантес приподнялся; он был ранен в плечо; рана не представляла никакой опасности. Пушкин потерял сознание. Непростительная беспечность секунданта Пушкина проявилась в полной мере с первого же момента: ни врача, ни кареты для доставки тяжело раненного, ни хотя бы бинта для первой помощи не оказалось. Пришлось принять любезность от противников, предложивших карету Дантеса для перевозки истекающего кровью поэта. Уже совсем стемнело, когда они подъехали к дому Пушкина на Мойке. Быстрый, стремительный Пушкин, любивший взлетать одним духом по лестницам, впервые не мог пошевельнуться. Старый слуга взял его на руки и как ребёнка понёс по ступеням. Пушкин обратился к нему: «Грустно тебе нести меня?..» Слуга, войдя в кабинет поэта, бережно опустил его на диван, с которого Пушкину уже не суждено было подняться...

«Что вы думаете о моей ране? — спросил Пушкин доктора. — Скажите мне, она смертельная?» — «Считаю долгом не скрывать этого», — ответил доктор...

俄罗斯文化阅读

Из истории российского меценатства

Эволюция власти и эволюция российского меценатства были неразрывны. Художники создавали отечественное искусство, учёные – науку. Меценаты буквально создавали, растили самих художников и учёных, а их произведения собирали и берегли.

Понять, а тем более типизировать российское меценатство невозможно, так же как и непредсказуемую российскую душу. Но его можно почувствовать. Почувствовать через его непосредственных творцов, узнавая «авторов» этого удивительного явления.

Меценатство на Руси зазвучало по-настоящему и именно в России самореализовалось до конца как явление.

Ведь деяние российских меценатов – это не набор единичных случаев, это не выдающиеся факты, это явление. И явление для России обычное, естественное. Его социальное представительство не исключает ни одного слоя, тем более – класса. Но с одним из них – купечеством – связан самый важный и яркий этап в истории российского меценатства, его «золотой век».

Рождённое с глубокой древности, по монастырям да по усадьбам, в руках деловых российских людей, меценатство получило солидную материальную базу, а значит и новый – большой – размах.

Кроме того, в купечестве как нельзя лучше сохранилась религиозность русского народа. Купечество – слой, вышедший из народа, лучшие его представители. А религиозность – тот самый моральный стержень, без которого российская культура вообще немыслима. Богатство само собой подразумевало ответственность. Говаривали, что Бог потребует по нему отчета. И меценатство, и собирательство рассматривались в купеческой среде как некая миссия, как выполнение свыше назначенного долга. И приход в меценатство был один – через благотворительность.

В прошлом каждый уезд, каждый город знал своего «глубокоуважаемого» прежде всего по построенным на его средства больницам и школам, приютам и богадельням. И только уже потом славили за театр и библиотеку, галерею или музей. Род Морозовых, например, в Москве крепко уважали за Клинический городок на Девичьем поле. И уже потом – за причастность к Художественному театру (С. Т. Морозов), Московскому кустарному музею (С. И. Морозов), Московскому философскому обществу (М. К. Морозов), изданию «Русских ведомостей» (В. А. Морозов). Братьев Третьяковых – за Арнольдо-Третьяковское училище для глухонемых (в Москве) и только потом – за знаменитую их «Третьяковку». Ф. И. Мамонтову благодарные звенигородцы

Род Морозовых – купеческий род (1770—1917гг.), выходцы из крестьян, достигшие умом и волей всех вершин и успеха в предпринимательских делах. 莫洛佐夫家族，商人世家（1770—1917），农民出身，凭借智慧与毅力取得事业上的巨大成功。

Клинический городок на Девичьем поле – был создан в конце XIX века для улучшения клинической базы медицинского факультета Московского университета. Ныне он является основой для обеспечения научного и педагогического процесса, а также многопрофильным центром по оказанию высококвалифицированной медицинской помощи. Первые клиники были построены на пожертвования купцов Морозовых и Е.В. Пасхаловой. 处女地医疗城，建于19世纪末，目的是改善莫斯科大学医学系的医疗基地。它不仅是科学教育基地，还是高水平的医疗救助中心。医疗城的第一批医院是商人莫洛佐夫和帕斯哈洛娃出资建立的。

Исторические реалии

скинулись на памятник «за выдающиеся дела благотворительности» во время войны 1812 г. Лучшим памятником его внуку – С. И. Мамонтову – стали полотна Врубеля и «древние» шаляпинские пластинки, знаменитая его «Частная опера» и не менее знаменитое «Абрамцево» (родина отечественных кустарных промыслов). Как видите, путь от простой милостыни до покупки первой картины проходили как и отдельные меценаты, так и целые меценатские династии.

Однако становление меценатов не всегда происходило стихийно. Было и влияние со стороны властей. В особенности интенсивное – опять-таки на купечество. Придуман был стимул: генеральский чин, который присуждался за пожертвования коллекции или музея в пользу Академии наук. Так что и простые «купеческие слабости» оборачивались благом. В числе возведённых в дворянское достоинство были А. А. Бахрушин – за переделку музея Академии наук, П. И. Щукин – за передачу коллекции документов и предметов русской старины Историческому музею. Правда, очень немногие купцы подобными слабостями обладали. Большинство же делало это искренне, от души.

Сохранить своё богатство купцу было значительно труднее, нежели дворянину. У того хоть наследственные гарантии имелись. Со всех сторон выходило, что ближе всего к меценатству в России оказались купцы – их к этой деятельности сама история подвинула. А от купцов и пошла распространяться меценатская горячка на все слои общества.

Конечно, шереметьевские театры и усадьбы-музеи, уваровская

С. И. Мамонтов (1841—1918) – русский промышленник и меценат. Общался с крупнейшими деятелями русской культуры. В 1870—1890 гг. его подмосковное имение Абрамцево стало центром художественной жизни. В 1885 году он основал на свои средства Московскую частную русскую оперу (действовала до 1904 г.). 萨•伊•马蒙托夫，企业家，文化艺术的资助者。1870—1890年间他在莫斯科郊区的庄园"阿布拉姆采沃"成为当时艺术生活的中心。他曾出资建立了莫斯科私人歌剧院（1885—1904）。

Шаляпинские пластинки – Шаляпин Ф.И. (1873—1938 гг.), выдающийся русский певец (бас), представитель русского реалистического исполнительского искусства, большинство партий впервые исполнил на сцене Московской частной русской оперы. 夏里亚宾唱片。费•伊•夏里亚宾（1873—1938）是俄罗斯伟大的男低音歌唱家，俄罗斯现实主义表演艺术的代表，他的首演多数是在莫斯科私人歌剧院的舞台上完成的。

Шереметьевский театр – один из частных крепостных театров, находящийся в знаменитой усадьбе Останкино. Архитектурный комплекс усадьбы складывался в течение четырех столетий и принадлежал разным владельцам. Но настоящий расцвет и известность Останкино получило при графе Николае Петровиче Шереметеве. Хорошо зная театральное дело и литературу, увлекаясь музыкой, граф организовал у себя в имении профессиональный театр. В России XVIII века частный театр нередко соперничал по своей пышности с государственным. Многие оперы, комедии, пышные аллегорические представления шли на театральных сценах в имениях знатных вельмож. Значение такого театра выходило за рамки домашнего развлечения и становилось явлением в культурной жизни российского государства. 舍列梅捷夫剧院，私人剧院，位于著名的"奥斯坦基诺"庄园。该庄园曾几易其主，直到尼•彼•舍列梅捷夫伯爵成为它的主人时，庄园的发展达到了鼎盛期，名扬四方。酷爱文化和艺术的伯爵成立了一个以自己名字命名的专业剧院。18世纪的俄国私人剧院在规模上往往不逊色于国家剧院，它们上演了许多歌剧、喜剧、讽刺剧，其意义已经超出了家庭娱乐的范畴，成为俄国文化生活的一种现象。

俄罗斯文化阅读

обсерватория и археологические экспедиции, строгановские картинные галереи и рисовальная школа – это безусловные, неотъемлемые заслуги российского дворянства. И всё же до купечества меценатство в руках дворян было явлением единичным, немассовым. Оно не имело ни той широты охвата, ни той нравственной глубины, которую обнаружило лишь в купеческой среде. Меценатство являлось дворянской привилегией. Им увлекались скорее ради эстетического наслаждения, но к милосердию через него вовсе не стремились.

В XIX в. меценатствовали не только купцы и дворяне, но и простые чиновники, и мещане, и учёные. Меценатство становилось моральной нормой, модой, реже – способом перехода в дворянство. Кроме того, занимаясь меценатской деятельностью, многие представители «сухих профессий» получали единственную возможность разнообразить свой досуг, самообразовываться. Меценатство – это и выход на новый уровень общения, на расширение кругозора.

Тёмный малограмотный купец К. Т. Солдатенков (торговал бумажной пряжей), который за всю жизнь так и не выучился писать, только читал и в театры ездил, благодаря готовности покровительствовать талантливым нуждающимся людям, главным образом, учёным, стал вхож в знаменитый московский кружок профессора Т. Н. Грановского, подружился с Н. Г. Чернышевским и И. С. Тургеневым, а художник А. Иванов даже помогал Солдатенкову выбирать картины для его «Галереи русской живописи».

В меценатство включались и романтики, которые искали возвышенного в скучной обыденной жизни. Достаточно вспомнить Н. П. Рябушинского, которого любили женщины и нещадно ругали московские старики. Сам он любил женщин, а также живопись, поэзию и старые вина. Поэтов (лучших!) он приманил невиданным журналом «Золотое руно». Для художников выстроил дачу – самую экстравагантную по тем временам. А позже и тех, и других, и третьих принимал в своём антикварном магазине, едва ли не самом модном в Париже.

Одним словом, причины, побуждавшие предков нынешних россиян заниматься меценатской деятельностью, были разные. Но во всех случаях обращение в меценаты требовало не просто большой активности на поприще науки или искусства. Оно требовало активной жизненной позиции во всём, требовало и бойцовских качеств. Мало было просто собирать картины или издавать книги. Надо было ещё и бороться за своих подопечных авторов, бороться за своё дело. Бороться – с кем? Иногда с правительством, но больше – с российской рутиной, неспешностью, с бюрократизмом.

Вспомним отчаянные попытки мадам А. Бренко, молодой актрисы Малого театра, организовать собственный театр вопреки действовавшему с екатерининских времён запрету. С театром у неё не получилось, и состояние

Уваровская обсерватория и археологические экспедиции – Уваров А.С. (1825—1884 гг.), русский археолог, один из основателей Русской и Московской археологических обсерваторий, Исторического музея в Москве, археологических съездов. 乌瓦罗夫观象台和考古勘察。阿•谢•乌瓦罗夫（1825—1884），俄国考古学家，俄国和莫斯科考古协会、莫斯科历史博物馆、考古学家代表大会的创始人之一。

Строгановские картинные галереи и рисовальная школа – Строгонов С. Г. (1794—1882 гг.), граф, русский государственный деятель, археолог, председатель Московского общества истории и древностей российских (1837—74 гг.), основатель Строгановского училища (школа подготовки художников декоративно-прикладного искусства), Археологической комиссии. 斯特罗加诺夫画廊和美术学校。谢•格•斯特罗加诺夫（1794—1882），伯爵，国务活动家，考古学家，莫斯科俄罗斯历史古迹协会主席，斯特罗加诺夫学校的创始人，考古委员会的创建人。

Грановский Т.Н. (1813—1855 гг.) – русский историк, общественный деятель, глава московских западников. 季•尼•格拉诺夫斯基（1813—1855），俄国历史学家，社会活动家，莫斯科西欧派的领导人。

Исторические реалии

всё потеряла, но зато доброе дело для России сделала: в 1882 г. власти отменили закон о «казённой монополии».

Вспомним историю с Народным университетом Шанявского. Тут уж и деньги были, и законность была соблюдена. И всё же здорово пришлось побиться за мечту покойного и вдове, Л. А. Шанявской, и другу, меценату-издателю М. В. Сабашникову, и некоторым представителям общественности, прежде чем двери нового учебного заведения впустили первых учеников.

Словом, чего только не выдумывали предшественники-меценаты. Но своего добивались. Они-то и подготовили тот неожиданный всплеск, который произошел в российском искусстве и в науке на рубеже XIX — XX столетий и обнаружил национальную культуру России для всего мира.

Они-то и мецената нового, «дягилевского» типа породили. Космополит по взглядам, интеллигент по призванию, новый меценат-дягилевец либо сам вышел из купечества, либо вышел в люди благодаря купцам. Это был утончённый меценат, который не просто хорошо разбирался в науке или искусстве, но являлся профессионалом в той или иной их области. С. А. Кусевицкий – в музыке, К. С. Станиславский и Н. Л. Тарасов – в театральном искусстве и т. д. И хотя самого Дягилева неоднократно называли художником без картин, писателем без собрания сочинений, музыкантом без композиций и меценатом без средств. Судя по тому влиянию, какое Дягилев со своими Русскими сезонами, мирискусниками и прочими меценатскими шедеврами оказал и на Россию, и на Запад, ему полагается особое, исключительное право – называться универсальным художником-профессионалом. После Дягилева ведь встряхнулось не только высокое западное искусство – балет, музыка, живопись, – но и сам вещно-предметный мир, сам стиль жизни, искусство быта на Западе в корне

> **Народный университет Шанявского** – негосударственное высшее учебное заведение, существовавшее в 1908—1918 гг. в Москве на средства либерального деятеля народного образования А.Л. Шанявского (1837—1905 гг.). Принимались лица обоего пола независимо от национальной принадлежности и политических взглядов. 沙尼亚夫人民大学（1908—1918），位于莫斯科，提供中、高等教育，由人民教育活动家阿•列•沙尼亚夫斯基（1837—1905）出资建立，学生录取不受性别、民族和政治倾向的限制。
>
> **Кусевицкий С. А.** (1874—1951 гг.) – выдающийся русский музыкант-контрабасист и дирижер. Основал в Москве симфонический оркестр и Российское музыкальное издательство в 1909 г. С 1920 г. жил за рубежом. 谢•阿•库谢维茨基，俄国指挥家、低音提琴名手。创立了交响乐队和俄罗斯音乐出版社（1909），1920年移居国外，领导过波士顿交响乐团（1924—1949）。
>
> **Станиславский К. С.** (1863—1938 гг.) – крупнейший реформатор русского театра, один из основателей Московского Художественного академического театра, деятельность которого знаменовала важнейший этап развития сценического реализма, оказала огромное влияние на мировой театр вместе с разработанной им системой (система Станиславского – это сценическая теория, метод и артистическая техника). 康•谢•斯坦尼斯拉夫斯基，戏剧大师，莫斯科模范艺术剧院的创始人之一。他建立的斯坦尼斯拉夫斯基体系是迄今为止世界范围最具系统性和科学性的表演体系之一。
>
> **Дягилев С. П.** (1872—1929 гг.) – русский театральный и художественный деятель. Вместе с А. Н. Бенуа (русский художник, историк искусства и художественный критик) создал художественное объединение «Мир искусства», соредактор одноимённого журнала. Организатор выставок русского искусства, русских концертов, Русских сезонов. Продолжая жить за рубежом, создал группу Русского балета С. П. Дягилева (1911—29 гг.). 谢•佳吉列夫，俄罗斯戏剧和艺术活动家。和伯努瓦（俄罗斯艺术家、艺术史学家、艺术评论家）创立了艺术协会"艺术世界"，兼任同名杂志的主编。俄罗斯艺术展、俄罗斯音乐会、"俄罗斯季节"的组织者，佳吉列夫俄罗斯芭蕾舞团（1911—1929）的创建人。
>
> **Русские сезоны** – выступления русских оперных и балетных трупп, организованных С. П. Дягилевым. Состоялись в 1907—1914 гг. в Париже и Лондоне, способствовали популяризации русского искусства за рубежом. "俄罗斯季节"，1907—1914年由佳吉列夫筹划组织的俄罗斯歌剧院和芭蕾舞团在巴黎和伦敦的巡回演出，推动了俄罗斯艺术在世界的传播和发展。

переменились. Начиная с дизайна квартир и домов и кончая мебелью, одеждой и бижутерией. В ту славную пору даже сама Франция – всемирная законодательница мод – занималась плагиатом у России. А перенимала она и усваивала радость в буйстве красок и причудливости конструкций – то, что сейчас перенимаем у Запада мы.

Да, накануне революции Россия переживала много счастливых перемен. С появлением меценатов-интеллигентов совпал действительно крайне важный и серьезный этап в развитии российской культуры. Этап, когда официальное признание её проблемы стало актуальным, когда возникла, наконец, достаточно серьёзная государственная система художественных (и научных) учреждений, система государственного патронирования, когда частные театры и музеи, журналы и выставки поддерживались уже не единственными покровителями, а целыми меценатскими содружествами, и законное признание статуса художника выразилось прежде всего в том, как к нему стала относиться общественность. А она стала относиться к нему уже не как к человеку «третьего сорта», не как к представителю богемы, а как к лучшему из сограждан. Она стала ему поклоняться. И в этом – величайшая заслуга всех меценатских поколений, каждое из которых в свою историческую эпоху выполняло свою историческую функцию, вносило свою лепту. Только их совместными усилиями в России сохранялась и создавалась такая многообещающая культура, которая до самого недавнего времени значила очень много в общемировом культурном прогрессе.

А сегодня... Сегодня, коль скоро на пути к рынку в России появились и очень богатые люди, и очень нищие художники,– культура стоит на перепутье, ожидая, – кто же её, бедную, подберёт: то ли меценат, то ли спонсор?

Вопросы и задания

1. Почему, по мнению автора, именно в России меценатство реализовалось как явление до конца?
2. Чем объясняется стремление российских купцов к благотворительности?
3. Какие меры были приняты властями, чтобы стимулировать становление меценатства?
4. Что побуждало российское дворянство заниматься меценатством?
5. Чем отличаются меценаты нового типа?
6. Что характерно для российской культуры на рубеже 19—20 веков?
7. Назовите известных вам русских меценатов и расскажите, что они сделали для российского искусства и науки.
8. В чём состоит великая заслуга меценатов в развитии российского искусства и науки?
9. Как вы думаете, возможно ли возрождение традиции меценатства в современной России?

Исторические реалии

Душа обязана трудиться
(О культуре русской усадьбы)

Русская классическая литература – от Державина до Блока – тесно связана с жизнью дворянской усадьбы. Именно там великие писатели (Пушкин в Захарове, Лермонтов в Тарханах, Некрасов в Карабихе, Блок в Шахматове) уже в детстве познакомились с живым источником русской культуры, национальными традициями и характерами. Пушкин впервые ощутил себя национальным

поэтом в Михайловском, Тургенев среди парижской суеты уносился мыслью в родное Спасское...

В «деревне» жили прототипы их героев... Каждый писатель творил свой собственный мир, исходя из личностного видения, индивидуального опыта, в реальной атмосфере «дворянского гнезда», в котором он родился, воспитывался и жил.

Дворянская усадьба XVIII — начала XIX в. – это уникальный культурный мир эпохи русского Просвещения. Интенсивное строительство усадеб началось после выхода «Манифеста о вольности дворянства» (1762 г.), по которому дворянин получал право не служить, а, выйдя в отставку, жить на доходы от родового поместья.

Особенно широко развернулось усадебное строительство в Подмосковье: дворяне знатных фамилий имели там родовые вотчины. В строительстве усадеб Подмосковья принимали участие такие выдающиеся архитекторы, как В. И. Баженов, М. Ф. Казаков, А. Н. Воронихин и другие.

В это время складывается характерная для эпохи классицизма трёхчастная схема построения усадебного комплекса: главный дом, соединённый галереями с двумя флигелями, образующими обширный парадный двор. Схема эта постоянно варьировалась, видоизменялась, но в основе её лежали одни и те же простейшие элементы. Свои закономерности складывались и в парках усадеб: регулярная планировка вблизи главного ядра усадьбы и ландшафтная – в отдалении от

Державин Г. Р. (1743—1816 гг.) – русский поэт, представитель русского классицизма. 戈·罗·杰尔查文, 俄国诗人, 俄国古典主义文学代表.

Блок А. А. (1880—1921 гг.) – русский поэт. 阿·阿·勃洛克, 俄国诗人.

Эпоха русского Просвещения – история русского Просвещения, начинается со второй половины XVIII века, когда в Россию проникли идеи классиков Французского Просвещения, оказавших определенное влияние на основные течения русской мысли. 俄国启蒙时期, 始于18世纪下半叶, 深受法国启蒙思想的影响.

Классицизм (русский) – стиль в архитектуре и искусстве с 1760 до 1840 г. Отличается ориентацией на античные памятники архитектуры и искусства. 古典主义, 在18世纪60年代至19世纪中叶的俄国建筑和艺术中占主导地位, 强调回归古希腊罗马风格, 在俄国形成的具有俄罗斯特色的建筑风格通常被称作"俄罗斯古典主义"或"帝国风格".

Регулярная планировка – в основе создания парков и садов лежат два стилевых направления: пейзажный и регулярный. Первый создается по принципу подражания природным ландшафтам, второй – по принципу симметрии. Растения, дорожки, водоемы и другие элементы расположены симметрично относительно основной оси. На ней располагаются центральный дом усадьбы, водные каскады и лестницы. Подчиненное положение занимают лучевые и диагональные аллеи, ведущие от центра в глубину парка. Родиной регулярных садов считается Франция, а пейзажных садов – Англия. 规则式设计. 园林艺术主要有两种风格: 以法国为代表的规则式设计和以英国为代表的自然式设计. 规则式园林追求对称的几何图形布局; 自然式园林追求自然景观的再现.

него, троелучие или центричность в разбивке аллей, определенная система в размещении скульптур и малых архитектурных форм – фонтанов, беседок, мостиков, скамеек, балюстрад и пр. Примечательно, что трёхчастная композиция загородных усадебных архитектурных ансамблей, равно как и принципы планировки усадебных парков, не замедлили получить распространение в городских усадьбах.

К созданию усадеб привлекались видные зодчие. Парадные интерьеры украшали произведения крупнейших художников прошлого и современности. К этому времени относится и начало коллекционирования произведений искусства в усадьбах. В них подчас создавались целые картинные галереи, и не только портретные. Среди крепостных отбирались талантливые подростки и обучались «трём знатнейшим художествам», для того чтобы иметь для своих надобностей собственных архитекторов, живописцев, скульпторов. Многие

усадьбы славились своими крепостными мастерами – столярами, кузнецами, ткачами, вышивальщицами, фарфористами, керамистами, лепщиками и т. д. Их творения – мебель, печи, лепные архитектурные детали, наборные полы, искусственный мрамор, ткани, фарфор и пр. – в художественном отношении достигли в эту эпоху невиданной высоты. Широкую известность получили в конце XVIII в. многие крепостные театры и оркестры.

Искусство стало непременной составной частью жизненного уклада в крупнейших усадьбах того времени. Подобно царскому двору, прокламировавшему покровительство искусствам, обосновавшиеся в усадьбах вельможи покровительствовали развитию искусства в подвластных им мирках и создавали Останкино и Архангельское, Кусково и Ярополцы, Пехру-Яковлевское и Троицкое-Кайнарджи, Рождествено и Батурин, Лялычи и Мерчик. Надо подчеркнуть, что эти усадьбы, уникальные по своим размерам, богатству и художественному значению, в свою очередь, явились определенной моделью, по которой формировались малые усадьбы. Свойственная большим и малым усадьбам некая общность в архитектурно-художественном облике усадебных ансамблей и образовала то, что мы привыкли называть усадебной культурой второй половины XVIII — начала XIX в.

Реформа 1861 г., лишившая владельца поместья даровой «рабочей силы» и вызвавшая необходимость отныне любые работы и «забавы» осуществлять с помощью наёмного труда, притупила его стремление к созданию художественных ценностей в усадьбе. Внедрение в быт произведений прикладного искусства, изготовленных фабричным способом, ускорило процесс атрофирования у многих помещиков самого понятия о значении «усадебного искусства».

Этому способствовало также зарождение новых вкусов и идеалов в литературе и искусстве в связи с важнейшими историческими, общекультурными и художественными процессами эпохи. Серьёзные и кардинальные изменения, происходившие во всех сферах художественного

> «Три знатнейших художества» – выражение на языке XVIII в., имевшее в виду архитектуру, живопись и скульптуру. "三大著名艺术"（18世纪用语），指建筑、绘画和雕塑。

Исторические реалии

мировоззрения, сопровождались резкими переменами в архитектурных взглядах. К середине XIX в. обозначился решительный поворот к *эклектике*. Представляется, что в кризисе классицизма второй четверти XIX в. не последнюю роль сыграл кризис русской усадьбы того времени, устои которой всё более и более рушились под влиянием развивавшегося капитализма.

Но менялись не только вкусы, зачастую менялся и самый тип владельца усадьбы. Характерное для XIX в. и всё более распространявшееся обеднение дворян, особенно потомков бывших вельмож, заставляло их продавать родовые поместья. В усадьбах с грандиозными комплексами дворцового характера появлялись новые хозяева, принадлежащие к иным социальным слоям. Среди них были вновь пожалованные за различные заслуги дворяне из разночинцев и купцов, сами купцы, владельцы заводов и фабрик, мелкопоместные дворяне, ставшие крупными предпринимателями, бывшие управляющие имений и т. д.

Новые поколения купечества, укрепившие во второй половине XIX века и особенно в последней его трети свои позиции в экономике России, всё активнее участвовали в культурной и художественной жизни страны. Помимо обычной благотворительной деятельности (строительство и содержание больниц, училищ, приютов, богаделен), они стали заниматься финансированием издательств, театров, музеев, музыкальных и образовательных учреждений, коллекционированием произведений классического и современного искусства, материальной поддержкой литературных, художественных и научных обществ.

Всё это не могло не сказаться и на усадебном меценатстве, которое не только в купеческой среде, но и дворянской становится более активным, утратив прежний покровительственный оттенок и поставив художника, композитора, писателя на уровень друга дома и почётного гостя. В таких усадьбах царила дружеская творческая атмосфера, задавая тон культурному быту. Во многих случаях владельцы усадеб, культурная жизнь в которых складывалась на меценатской основе, и сами оказывались не чуждыми творческой деятельности, невольно заражаясь от своих гостей желанием попробовать свои силы в живописи, литературе, сценическом искусстве. Они принимали живейшее участие во всех начинаниях художников, не ограничиваясь финансовой поддержкой.

Такой характер приняла жизнь в Качановке Черниговской губернии в тот период, когда она оказалась во владении В. В. Тарновского-младшего, мецената и собирателя украинских древностей. Им отличалось и знаменитое Домотканово В. Д. фон-Дервиза вблизи Твери. Таким же было и подмосковное Дугино братьев Мещериных, владельцев Даниловской мануфактуры. В последней четверти XIX и начале XX в. оно стало как бы творческой базой для многих московских живописцев того времени – В. А. Серова, И. И. Левитана, И. С. Остроухова, И. Э. Грабаря и многих других. Н. В. Мещерин, один из владельцев имения, сам был замечательным пейзажистом.

Особое место не только в усадебной культуре, но и во всей русской художественной культуре последней трети XIX в. занимало Абрамцево. Его владелец С. И. Мамонтов представлял собой поистине новый тип просвещённого мецената, который приглашал в своё имение единодушных в своих творческих взглядах художников, приверженцев прогрессивных направлений в искусстве. В усадьбе были возведены небольшие деревянные домики для размещения гостей – «Мастерская», «Баня-Теремок», дача для художников, так называемая «Поленовская дача», «Избушка на курьих ножках» для детей. В Абрамцеве подолгу жили и работали

> **Эклектика** – так называется неорганическое, чисто внешнее соединение внутренне несоединимых взглядов, точек зрения. В архитектуре и искусстве – это свободный и широкий выбор в стилях. 折中主义，多种风格形式的综合。在建筑和艺术领域指风格的自由、宽泛的选择。

многие прославленные живописцы. Совместные выходы на этюды, занятия в гончарной мастерской, рисовальные вечера, домашние спектакли, поездки в поисках произведений народного творчества – всё это питало

Неоклассицизм – разновидность стиля модерна в русском искусстве с начала XX в. Отличается возрождением форм классицизма. 新古典主义，20世纪初兴起的俄国艺术现代派风格的变体，是古典主义形式的复兴。

образовавшийся здесь уникальный художественный мир. И. Е. Репин, В. А. Серов, С. А. и К. А. Коровины, И. С. Остроухов, А. М. и В. М. Васнецовы, В. И. Суриков, М. М. Антокольский, Н. В. Неврев, М. А. Врубель, М. В. Нестеров, М. В. Якунчикова-Вебер, искусствовед А. В. Прахов – вот далеко неполный перечень участников этого усадебного художественного сообщества. Воцарившееся здесь тяготение к общей, коллективной работе особенно ярко проявилось в процессе проектирования и строительства Абрамцевской церкви.

Абрамцево примечательно также своим интересом к народному искусству и стремлением привлечь внимание общества к этому выдающемуся явлению русской художественной культуры. Оно не остановилось при этом на одном лишь коллекционировании произведений народного творчества. Под руководством Е. Г. Мамонтовой и Н. В. Поленовой здесь были организованы мастерские для крестьянских подростков с целью возрождения и развития национального самобытного искусства, с особым вниманием к забытым женским ремёслам.

Судьба русской усадьбы в XIX в. сложилась таким образом, что при всём её поступательном развитии в нём бывали периоды определённого, иногда довольно заметного спада. Запустение воцарилось в загородных поместьях после войны 1812 г. Заметный спад в развитии русской дворянской усадьбы проявился и в середине XIX в. – в предреформенные и послереформенные годы. Этот процесс силился к концу XIX в., в эпоху дальнейшего разорения дворянства, особенно среднего и мелкопоместного.

Однако, наряду с угасанием дворянского усадебного быта культура русской усадьбы испытала определённый подъём, связанный главным образом с купеческой усадьбой. Под влиянием журнала «Мир искусства» и художников его круга в конце XIX — начале XX в. возникает значительный интерес к художественной культуре второй половины XVIII — начала XIX в., отмеченной расцветом русского зодчества. На долю купеческой усадьбы, в большей степени, чем дворянской, пришлись опыты реализации провозглашённой «Миром искусства» идеи возрождения в архитектурной среде усадьбы поэтических образов её далёкого прошлого, воплощения их в формах неоклассицизма, как бы возвращающих усадебную культуру к её истокам.

Приобщение купеческого сословия к традициям дворянской усадебной культуры, органичное вживание в присущий усадьбе быт сочетались с тонким восприятием современной художественной культуры, были тесно связаны с художественной жизнью, новым пониманием меценатской деятельности, новыми направлениями в коллекционировании. Включение торговых, финансовых и промышленных деятелей в культурную жизнь способствовало, с одной стороны, расширению связей русской художественной культуры с современным западным искусством, с другой – в силу крепости корней этого сословия, определило возрождение и жизненность национальных традиций, усиливших в конце XIX —начале XX в. своё влияние.

История усадьбы вобрала все сложные социальные катаклизмы XIX столетия. Однако всегда в усадебной среде и быте присутствовало нечто такое, что создавало его гармонию, сбалансированность, несводимость ни к городской, ни к сельской жизни, давало новое понимание центра и периферии в российской культуре. Представляется, что известная

Исторические реалии

устойчивость сложного и многопланового усадебного мира определялась его соразмерностью с жизнью человека, близостью к природе, детально продуманной средой для существования семьи, относительной уединенностью и избирательностью круга общения. В центре усадебного мира стоял человек, организующий в соответствии со своими представлениями о частной жизни окружающее его пространство.

Вопросы и задания

1. Когда и в связи с чем началось интенсивное строительство усадеб в России?
2. Что характерно для композиции загородных усадебных архитектурных ансамблей?
3. В чём состоит художественная ценность дворянских усадеб?
4. Чем отличается дворянская усадебная культура второй половины XVIII — начала XIX в.?
5. Какое влияние оказала реформа 1861 г. на судьбу развития русской усадьбы?
6. Чем отличается культурный быт в купеческих усадьбах во второй половине XIX в.?
7. Почему автор считает, что Абрамцево занимало особое место не только в усадебной культуре, но и во всей русской художественной культуре последней трети XIX в.?
8. Как способствует развитию русской культуры включение купеческого сословия в культурную жизнь страны?
9. Согласны вы с тем, что усадебный быт – уникальная летопись истории России XIX в.?

俄罗斯圣像画

Русские иконы

Предисловие

  Икона – слово греческое, обозначает оно изображение. В христианской Церкви так стали называть живописное изображение на деревянной доске или на стене храма Иисуса Христа, Богоматери, святых событий из Ветхого и Нового заветов.
  Икона является неотъемлемой частью православной традиции. Без иконы невозможно представить интерьер православного храма. Вся история России прошла под знаком иконы, многие православные и чудотворные иконы стали свидетелями и участниками важнейших исторических перемен в её судьбе. Сама Россия, восприняв некогда крещение от греков, вошла в великую традицию восточно-христианского мира, который по праву гордится богатством и разнообразием иконописных школ Византии, Балкан, Христианского Востока.
  Икона как духовный феномен всё сильнее привлекает к себе внимание. В последнее время всё большее число христиан оценивают икону как общехристианское духовное наследие. Сегодня именно древняя икона воспринимается как актуальное откровение, необходимое современному человеку.
  Иконы по сюжету делят на праздничные иконы, образы Христа и Богородицы, святых и ангелов. Данный раздел вводит читателей в сложный и многозначный мир иконы, раскрывает её значение как духовного явления, глубоко укоренённого в христианском мировоззрении.

Храм и иконостас

  Храм означает здание, дом. Название «церковь» греческое, оно означает дом Божий. Храм называется церковью, т.е. домом Божиим, потому что в храме, как и на небе, Бог присутствует особым образом, точно живет в своём доме.
  Все христианские храмы построены по похожему образцу. Исторически они состоят из трёх частей: притвора, основной части и алтаря.
  Все христианские храмы, как правило, ориентированы на восток. В восточной части

Русские иконы

храма расположен алтарь. Когда человек стоит лицом к алтарю, он смотрит в ту сторону, откуда восходит солнце. Это символизирует его обращённость к Богу, так как Христос – Солнце Правды, свет для всех людей.

Алтарь является местом, где обитает Бог. Это священное место. Входить туда могут только священники. Алтарь отделён от основной части храма небольшой перегородкой.

Основная часть храма (её называют «храм», «неф», «наос») находится посередине. Храм символизирует новый, идеальный мир, освящённый Богом. Это место праведников, святых и простых христиан, которых очистил Бог.

Притвор расположен в западной части. В древние времена здесь стояли люди, которые хотели стать христианами. Когда в церкви начиналась служба для христиан, они должны были покинуть храм.

Если вы зайдёте в православный храм, то вы увидите, что он сильно отличается от католического и протестантского храмов. Больше всего отличается восточная часть храма. В католическом и протестантском храме алтарь открыт, его видно всем. В православной церкви алтарь закрыт, он находится за иконостасом.

Иконостас – это типично русское явление. В древние времена иконостас был невысоким и состоял только из одного яруса. В XIV — XV вв. иконостас имел уже три ряда, в XVI — четыре, а в XVII — пять. В конце XVII в. пытались увеличить число рядов, но это не стало популярным. В классическом русском иконостасе пять рядов (их называют «чин»). Каждый чин имеет своё значение.

Некоторые священники считали, что иконостас является преградой между алтарём, который символизирует Царство Божие, и людьми. Христианский народ становился также разделённым на священников и простых верующих.

Другие же говорили о том, что иконостас не прячет ничего от верующих, а наоборот, рассказывает им подробно о тайнах алтаря и показывает, как попасть в Царствие Божие. Иконостас – это своеобразная проповедь царства Божия.

Тем не менее, многие историки считают, что рост алтарной преграды был связан с уменьшением веры людей в Бога. В XX в. в церкви произошли большие изменения. Появилась необходимость духовного воссоединения священников и простых христиан. И как следствие, появились церкви с открытым алтарём и низким иконостасом.

> Алтарь – в переводе с латинского языка означает «возвышение, жертвенник». Исторически это было возвышение на земле для жертвоприношения. В ранней христианской церкви алтарь представлял собой стол, покрытый покрывалом, на котором происходил обряд причащения к Богу (таинство превращения хлеба и вина в тело и кровь Христову). В современной католической и протестантской церкви стол для причащения по-прежнему называется алтарём. В православной церкви он называется «престолом», а «алтарём» называется восточная часть церкви, отделённая иконостасом от основной части храма. 圣坛, 祭坛, 源于拉丁语。该词指基督教堂里举行圣餐仪式的桌子，这个词意在后来的天主教和新教堂里得到了继承。但在东正教教堂里，举行圣餐礼的桌子用престол（供桌）一词表示，而алтарь一词表示教堂东部，圣像壁将它与教堂的主体部分分隔开。
>
> Царство Божие – рай. 指天堂。

俄罗斯文化阅读

Вопросы и задания

1. Из каких частей состоит христианский храм?
2. Чем отличается православный храм от католического и протестантского?
3. Сколько рядов в классическом русском иконостасе?
4. Каково предназначение иконостаса в русской православной церкви?

Построение иконостаса

Иконостас устраивается следующим образом.

В центральной его части помещаются царские врата – особо украшенные двери, расположенные напротив престола. Они называются так потому, что через них исходит Иисус Христос в Святых Дарах для преподания причастия людям.

Слева от царских врат, в северной части иконостаса устраиваются северные двери для выходов священнослужителей в уставные моменты богослужения.

Справа от царских врат, в южной части иконостаса находятся южные двери для уставных входов священнослужителей в алтарь.

Открытие царских врат означает обещанное открытие верующим Небесного Царства.

На царских вратах помещаются обычно образ Благовещения Архангелом Гавриилом Деве Марии о предстоящем рождения Спасителя мира Иисуса Христа, а также образы четырех евангелистов, возвестивших об этом пришествии во плоти Сына Божия всему человечеству. Это пришествие является началом нашего спасения. Поэтому образы на царских вратах глубоко соответствуют их духовному значению и смыслу.

Справа от царских врат помещается образ Христа Спасителя и сразу за ним — образ того святого или священного события, во имя которого освящён данный храм.

Слева от царских врат ставится образ Матери Божией.

Этим особенно наглядно всем присутствующим в храме показывается, что вход в Царство Небесное открывается людям Господом Иисусом Христом и Его Пречистой Матерью-Ходатайницей нашего спасения.

Далее за иконами Богоматери и храмового праздника по обе стороны царских врат, насколько позволяет пространство, ставятся иконы наиболее чтимых в данном приходе святых или священных событий.

Над царскими вратами помещается образ Тайной вечери, как начало и основание Христовой Церкви с её самым главным таинством. Этот образ указывает также, что за царскими вратами в алтаре происходит то же самое, что происходило на Тайной вечере, и что через царские врата совершится вынесение плодов этого таинства Тела и Крови Христовой для причащения верующих.

Второй ряд икон имеет своим центром образ Христа Вседержителя. По правую руку от Него изображается Пресвятая Дева Мария, молящая Его о прощении человеческих грехов, по левую руку от Спасителя – образ проповедника покаяния Иоанна Предтечи в таком же молитвенном положении. Эти три иконы носят название деисус – моление.

По сторонам от Богоматери и Иоанна Крестителя располагаются образы обращённых к Христу в молитве апостолов.

В третьем ряду иконостаса находятся иконы важнейших христианских праздников, т.

Причастие – (или Причащение) есть Таинство, в котором верующему под видом хлеба и вина предлагается вкусить истинное Тело и истинную Кровь Иисуса Христа, чтобы обрести Вечную Жизнь. 即圣餐仪式。仪式上的面包和酒分别象征着基督耶稣的身体和血液，食用面包和饮葡萄酒意味着基督的信徒可以获得永生。

Тайная вечеря – последняя трапеза Иисуса Христа с его учениками, произошедшая в Великий четверг. 指基督耶稣与他的门徒们的最后的晚餐。

俄罗斯文化阅读

> **Праотцы** – являются предками Иисуса Христа, и тем самым они участвуют в истории спасения, в движении человечества к Царству Небесному. 指基督耶稣的前辈，自亚伯拉罕到诺亚之间的人类祖先。
>
> **Господь Саваоф** – выражение «Господь (Яхве) Саваоф» представляет собой непереведенный еврейский титул Бога. 犹太教对"神"的封号。

е. тех священных событий, которые послужили спасению людей.

В центре четвёртого ряда иконостаса изображается Матерь Божия с Богомладенцем. По обе стороны от Неё изображены ветхозаветные пророки, которые предсказали появление Её и рождение от Неё Иисуса Христа.

В пятом ряду иконостаса по одну сторону помещаются образы праотцов, а по другую – святителей.

В центре пятого ряда иконостаса часто помещается образ Господа Саваофа, Бога-Отца.

Иконостас непременно венчается Крестом или Крестом с Распятием, как вершиной Божественной любви к грешному миру, отдавшей Сына Божия в жертву за грехи человечества.

Первые три ряда иконостаса, начиная с нижнего, содержат в себе полноту духовного представления о сущности Церкви и её спасительном значении. Четвёртый и пятый ряды – это как бы дополнение к первым трём, вместе с нижними рядами прекрасно восполняют и углубляют понятие о Церкви.

Такая мудрость устройства иконостаса позволяет ему иметь любые размеры в зависимости от размеров храма или в связи с представлениями о духовной целесообразности.

Вопросы и задания

1. Каким образом устроен иконостас?
2. Какое значение имеют царские врата? Почему над ними неизменно присутствует образ Тайной Вечери?
3. Где обычно находится икона святого или священного события, во имя которого освящён данный храм?
4. В чём состоит мудрость устройства иконостаса?

Схема классического иконостаса

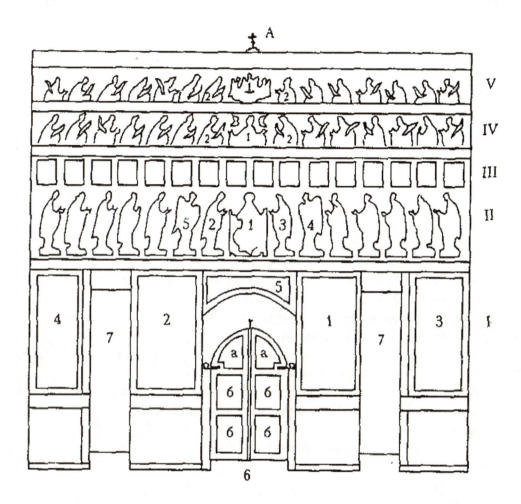

I. Местный ряд
1. Христос Спаситель
2. Богоматерь
3. Храмовая икона
4. Местночтимая икона
5. «Тайная вечеря»
6. Царские врата
а) Благовещение
б) Евангелисты
7. Дьяконские двери

II. Деисусный ряд
1. Спас в силах
2. Богоматерь
3. Иоанн Предтеча
4. Архангел Гавриил
5. Архангел Михаил
далее: апостолы, отцы Церкви, святители, преподобные и т.д.

III. Праздничный ряд
от Рождества Богородицы до Успения

IV. Пророческий ряд
1. Богоматерь-Знамение
2. Пророки

V. Праотеческий ряд
1. Ветхозаветная Троица
2. Праотцы

А. Голгофа

Символика иконы

Символика цвета

Золото – символ радости и блаженства. Золото используют для обозначения силового поля Божественной энергии. Но золотом окрашено не всё. Обычно это – одежды Спасителя, изображение Евангелия, Престол Спасителя, Седалища ангелов. Свет, исходящий от Спасителя, когда Он являет Своё Божественное начало. Это и цвет, символизирующий Вечность.

Синий цвет (обычно синий сегмент со звёздами) обозначает небо.

Голубой цвет – тоже цвет неба и Вечности. Часто Иисус, Богоматерь, ангелы, святые заключены в голубой круг (и круг, и цвет – символы не только Вечности, но и Гармонии).

Белый цвет символизирует чистоту, невинность. Это цвет Славы Христа (Он часто в белых одеждах). Белый цвет ещё означает самого Бога, так как Он подобен свету, а белый сочетает в себе все цвета радуги, так же как Бог в Себе заключает весь мир.

Зелёный символизирует юность и цветение.

Нежно-розовый цвет – цвет душевной утончённости.

Пурпур – как и золото – цвет Вечности и славы Христа, цвет Утра, Возрождения, знак Царственной сущности Христа. Пурпур предвещает Солнце.

Красный цвет – цвет мученичества, цвет крови Христа, символ страдания и смерти. Красный также символизирует Божественный огонь.

Одеяния Христа и Богоматери почти всегда неизменны – вишнёвый хитон и голубой плащ у Христа, тёмно-синий хитон и вишнёвое покрывало у Богоматери.

Вишнёвый цвет отцы церкви объясняют так: он соединяет начало и конец спектра (красный и фиолетовый) – это знак Христа, Который есть начало и конец сущего.

Жёлтый цвет – тождествен золотому.

Чёрный цвет – знак сокровенных Божественных тайн.

Жесты

Фигура с рукой, прижатой к щеке – символ печали. Раскрытая рука, протянутая вперед – знак покорности.

Символика вещей

Дуб – древо жизни.

Дом – символ домостроения, созидания.

Гора – символ возвышенного, знак духовно-нравственного восхождения.

Красный крест – символ мученичества (и Возрождения).

Цветок анемона – знак скорби Марии, матери Христа (обычно на иконах «Распятие» и «Снятие с Креста»).

Посох у ангела – символ небесного вестничества, посланничества.

Юноша с трубой – ветер.

Пеликан – символ любви к детям.

Золотой венец – символ духовной победы.

Правая и левая стороны на иконе или фреске – тоже символы. Средневековый зритель знал, что слева от Христа – девы неразумные, справа – разумные.

Два-три дерева символизируют лес.

Луч с небесных сфер – символ Святого Духа, Божественной энергии, которая совершает чудо воплощения Божества в человеке.

Действие перед храмом, где снята передняя стена, означает, что оно происходит внутри храма.

Символика изображений из священных книг

Золотой крест, якорь и сердце означают веру, надежду, любовь;

книга – дух премудрости;

золотой подсвечник – дух разума;

Евангелие – дух совета;

семь золотых рогов – дух крепости;

семь золотых звёзд – дух ведения;

громовые стрелы – дух страха Божия;

сердце с крыльями – дух любви;

лавровый венок – дух радости;

дуга в облаке – дух мира;

голубь в купине огненной – дух долготерпения;

семь золотых рюмок – дух благости;

голубица, держащая во рту ветвь – дух милосердия;

челнок в облаках – дух кротости;

букет цветов – дух воздержания;

огонь на жертвеннике – угли возгорятся от него;

катящиеся колеса – дух жизни;

венок, держимый двумя руками, посреди коего голубь с крыльями – дух благодати;

растворённые врата – проход на небеса.

Спас Нерукотворный

Икона Спаса Нерукотворного считается первой иконой с возникновением христианства. В самом её названии уже заложена идея иконы – изображения того, что лежит за пределами человеческого творчества. Существует два предания о возникновении этой иконы. Первое из них более распространено на Западе, второе – на Востоке.

В первом предании рассказывается о праведной женщине Веронике, которая из сострадания отёрла лицо Спасителя своим платком, когда он нёс на Голгофу крест. Чудесным образом лик Спасителя отпечатался на платке. На Западе очень популярны иконы, на которых изображена Вероника, держащая платок с ликом Спасителя.

Другое предание рассказывает о восточном городе Эдессе, где царём был Авгарь. Царь заболел неизлечимой болезнью. Услышав об Иисусе Христе, он послал к нему своего слугу с приглашением посетить Эдессу. Иисус отказался идти, но согласился исцелить царя. Он попросил принести ему чистый холст и приложился к нему. Его образ нерукотворно запечатлелся на холсте. Царь Авгарь, прикоснувшись к нему, излечился и с тех пор хранил чудесный холст как святыню.

Однажды город осадили враги, и царь приказал замуровать святыню в стене над воротами, чтобы сохранить её. Но происходит чудо: во время боя чудесный образ проходит сквозь стену и отпечатывается на фасаде. В страхе враги убегают. Чудесный образ ещё раз спасает царя и город.

Как бы там ни было, оба варианта говорят о нерукотворном образе Христа, и эти истории имеют явное сходство с историей Туринской плащаницы, ткани, на которой действительно нерукотворно запечатлелся не только лик, но и тело Иисуса Христа.

Икона Спас Нерукотворный представляет собой лицевое изображение Иисуса Христа. На иконе Спаситель обычно рисуется на куске ткани, что специально подчёркивается художником: углы ткани завязаны узлами, нарисованы складки и т. п. В другом варианте фоном для лица Спасителя становится стена или нейтральный фон, нередко художник изображает камни или черепицу.

Спас – от слова «спаситель», так в русской православной традиции называются иконы с изображение Христа Спасителя. 源于спаситель一词，俄罗斯东正教中用来指称耶稣的圣像画。

Голгофа – гора, на которой был распят Иисус Христос. Эта гора была местом казни у евреев и находилась на северо-западе от Иерусалима. Сейчас находится в самом городе, и на этом месте стоит храм Гроба Господня. 各各他山，耶稣受难被钉十字架的地方，位于耶路撒冷城西北部。

Туринская плащаница – ткань, в которую по преданию было завернуто тело Иисуса Христа во время погребения. На ней чудесным образом отпечатались контуры тела Спасителя. Её история загадочна: сначала она, видимо, долгое время скрытно хранилась у одного из учеников Христа. Позднее она появляется в Константинополе и потом вновь исчезает. Она снова появляется в Италии, и сейчас хранится в Турине, где её исследуют учёные. 都灵耶稣裹尸布。传说，这块包裹过耶稣尸体的布上神奇般地留下了耶稣的身体轮廓。现收藏在意大利的都灵。

Вопросы и задания

1. Расскажите об истории возникновения иконы Спаса Нерукотворного?
2. Что представляет собой эта икона? Почему иконописцы изображают лицо Спасителя именно на таком фоне?
3. Какие чудеса приписываются иконе Спаса Нерукотворного?

Богородица

Евангелие даёт нам немного сведений о жизни Богородицы, хотя мы видим её в самых важных событиях, связанных с земной жизнью Христа. В Евангелие тема Марии всегда звучит рядом с темой Христа. В христианском искусстве уже в самые ранние века возникают изображения Богородицы, а с IV — V вв. и первые иконы.

После принятия Россией христианства иконы Богородицы начинают появляться и в России. Так появилась в России и Владимирская икона Богоматери, одна из самых почитаемых старинных чудотворных икон. По преданию, она была написана апостолом Лукой и хранилась в Иерусалиме, а позже в Константинополе. Она была привезена в Россию в начале XII в., и её поместили в монастырь в Киеве. Спустя некоторое время икону перенесли в новую столицу, Владимир. Во Владимире икона находилась около двухсот пятидесяти лет и отсюда получила своё название. За это время она прославилась как чудотворная икона.

В 1395 г. войска Тамерлана подошли к Москве. Икону решили перевезти в Москву: москвичи верили, что чудесная икона защитит их от врагов. Прибытие иконы в Москву торжественно отмечали: этот день был записан в летописях, на месте, где москвичи встречали икону, позднее построили монастырь в честь этого события (в настоящее время там находится улица Сретенка). Когда вражеское войско направилось к Москве, напуганные жители Москвы и её окрестностей стали молиться Богоматери о спасении от врагов. И она пришла на помощь. В час прибытия иконы в столицу Тамерлан спал, и во сне ему явилась сияющая женщина в окружении ангелов с огненными мечами. Испугавшись, Тамерлан повернул свои войска и покинул окрестности Москвы.

Было ещё несколько случаев чудесного спасения и избавления Москвы от врагов. Иконе молились, её брали с собой в сражения. И каждый раз Богородица помогала верующим.

Позднее владимирцы потребовали вернуть икону назад во Владимир. Мудрый митрополит предложил отдать решение этого вопроса на волю Бога. Икону оставили на ночь в Успенском соборе Московского Кремля, и всю ночь москвичи и владимирцы молились, чтобы Господь определил, кому владеть иконой. А утром, придя в собор, они увидели чудо: в церкви были две иконы. Одну

Принятие Россией христианства произошло, согласно древним летописям, в 989 или 990 г. До этого в Киевской Руси основной религией было язычество, народ поклонялся идолам. Киевский князь Владимир по политическим мотивам решил сделать христианство государственной религией. Он разрушил в Киеве идолов и произвёл насильственное крещение киевлян. После этого Владимир начинает строить христианские церкви, создавать школы и всячески содействовать дальнейшему распространению христианства на Руси. 公元988年，罗斯王弗拉基米尔定基督教为国教，结束了基辅罗斯以信仰多神教为主的历史。

Тамерлан (1336 — 1405 гг.) – так называли европейцы Тимура (Тимур-Ланг), известного среднеазиатского завоевателя. 欧洲人对鞑靼蒙古军统帅铁木儿的称呼，后者被称为"中亚的征服者"。

Господь – так называют Бога христиане, образовано от слова «господин». 基督教徒对神的称呼，源于господин一词。

владимирцы увезли с собой во Владимир, а другая осталась в Москве.

Владимирская икона – самая почитаемая и самая известная из икон Богородицы. Но за десять веков христианской культуры в России было создано огромное множество других изображений Богородицы. Богородица была любима на Руси. Если Иисуса Христа представляли в образе грозного судьи, то Богородица всегда выступала в роли заступницы и защитницы. Христиане считали, что Русская земля находится под особым покровительством Богородицы.

Вопросы и задания

1. Когда появилась Владимирская икона Богородицы в России? В каком городе эта икона находилась первоначально? Почему позднее эта икона оказалась во Владимире?
2. Как Владимирская икона Богоматери защитила Москву?
3. Какое удивительное событие, примирившее владимирцев и москвичей, произошло с этой иконой?
4. За что особо любят и почитают Богородицу в России?

Иконы святых

На иконах святых изображаются угодники Божии, прославленные в разных чинах: пророки, апостолы, мученики, святители, преподобные, бессребренники, блаженные и праведные.

Пророками называют тех святых Божиих, которые по внушению Святого Духа предсказывали будущее и преимущественно о Спасителе; они жили до пришествия Спасителя на землю.

Апостолы — это ближайшие ученики Иисуса Христа, которых Он во время Своей земной жизни посылал на проповедь. Они

> **Евангелие** – первые четыре главы Нового завета. 福音书，新约圣经的前四章。
> **Мессия** – в переводе с еврейского на греческий «Христос». О нём много писали в Ветхом Завете как о будущем спасителе человечества. 弥赛亚，即救世主，犹太语的耶稣。
> **Давид** – израильский царь. Город, который он построил для себя и сделал столицей, - это Иерусалим. 以色列国王，耶路撒冷就是他筑城建都的作品。
> **Авраам** – один из описываемых в Библии праведников, считался родоначальником еврейского народа. 亚伯拉罕，圣经中犹太人的始祖。
> **Откровение** – т.е. Библия. 指圣经。

проповедовали по всем странам христианскую веру. Их было сначала двенадцать, а потом ещё семьдесят.

Двое из апостолов, Пётр и Павел, называются Первоверховными, так как они больше других потрудились в проповеди Христовой веры. Апостол Пётр пишется на иконах со связкой ключей, символизирующих таинства Церкви, через которые человек входит в Царствие Небесное.

Четыре апостола: Матфей, Марк, Лука и Иоанн Богослов, написавшие Евангелие, называются Евангелистами. Их часто изображают за работой — сидящими за столами и пишущими Евангелие. Их часто изображают с символами.

При Матфее изображается человек, потому что он занимался генеалогией Мессии, указывая Его человеческое происхождение от Давида и Авраама.

Марк описывал Царственную славу и Могущество Господне, потому ему соответствует изображение льва — царя зверей.

Знак Луки — телец, символ жречества.

Иоанн, автор Откровения, изображается с орлом.

Святые, которые подобно Апостолам распространяли веру Христову в разных местах, называются равноапостольными. Они часто изображаются с большим крестом в руке.

Мученики – те христиане, которые за веру в Иисуса Христа приняли жестокие мучения и даже смерть. Если же после перенесённых ими мучений они скончались мирно, то их называют исповедниками.

Одежды мучеников часто пишутся красным цветом – цветом пролитой ими крови. В правой руке, как правило, мученики держат небольшой крест – знак принятых мучений.

Святители – епископы или архиереи, жившие праведной жизнью, как, например, святой Николай Чудотворец, святой Алексий, митрополит Московский.

На иконах святители изображаются в богослужебном облачении, с книгой или жезлом в левой руке. Правая рука благословляет верующих.

Преподобные – праведные люди, которые удалялись от мирской жизни и служили Богу, пребывая в девстве (т. е. не вступая в брак), посте и молитве, живя в пустынях и монастырях, как, например, Сергий Радонежский, Серафим Саровский, преподобная Анастасия.

Преподобных пишут в монашеском облачении, часто с чётками, на фоне монастыря, где они жили. Правая рука либо благословляет, либо указывает на свиток в левой руке.

Бессребреники служили ближним безвозмездным лечением болезней, т. е. без всякой платы исцеляли болезни, как телесные, так и душевные.

На иконах бессребреников изображаются ларцы с лекарственными снадобьями.

Праведные проводили праведную, угодную Богу жизнь, живя подобно нам в миру, будучи семейными людьми, как, например, святые праведные Иоаким и Анна и др.

Вопросы и задания

1. Какое назначение имели пророки?
2. Как называются ближайшие ученики Иисуса Христа? Сколько их было? Кого из учеников Христа называли Первоверховными?
3. Кого называют евангелистами? За что их так называют?
4. Кто такие святые и мученики? Как их изображают на православных иконах?
5. Кто такие святители? Каких главных святителей вы можете вспомнить? Как они изображаются на иконах?
6. Кто такие преподобные? Чем они угодили Богу? Как они изображаются на иконах?
7. Чем занимались бессеребреники? Почему их так называют? Как их изображают на православных иконах?

Святой Николай

Святой Николай родился в 260 г. в городе Патаре в Малой Азии. С детства он изучал Евангелие и решил стать священником, а позднее его избрали архиепископом. Это было во времена преследования христиан и христианской церкви императором Диоклетианом. Многих христиан жестоко убили в те времена. Святого Николая тоже заключили в темницу вместе с другими христианами, но Господь сохранил его невредимым, и он вернулся в город Миры. Он умер в глубокой старости (345 — 351 гг.), и его похоронили с честью.

О жизни святого Николая сохранилось немало чудесных и прекрасных историй. Рассказывают, что святой Николай много помогал бедным и нищим. Однажды он узнал, что один обедневший житель его города, у которого было три дочери, решил продать своих дочерей, чтобы не умереть с голода. Николай ночью тайно бросил ему в окно три мешочка с золотом и спас семью.

В другой раз святой Николай отправился в путешествие на корабле в Иерусалим. По дороге туда началась страшная буря. Но благодаря молитве святого буря прекратилась. Также во время пути святой Николай оживил матроса, который умер. Не раз и впоследствии святой Николай совершал подобные чудеса: оживлял людей, которые умерли, исцелял больных.

Святой Николай часто защищал невинных людей от несправедливых властей. Однажды он пришёл на казнь и остановил палача, который хотел казнить трёх мужчин. Этих мужчин осудили несправедливо, и святой Николай спас их.

Во время голода в городе Миры святой Николай явился во сне одному итальянскому купцу и попросил приехать в город с хлебом. Когда купец проснулся, он нашёл в своей руке золотые монеты, которые Николай во сне дал ему в залог.

Эти и другие истории впоследствии стали сюжетами для икон с изображением святого Николая.

Святой Николай чудотворец – это один из самых любимых русских святых. Во многих русских городах существуют церкви, которые посвятили святому Николаю (например, только в Москве было несколько десятков таких церквей).

Патара, Миры – античные города на юге полуострова Малая Азия. Во времена Николая они находились на территории страны Ликия, которая была под властью Рима. Сейчас это территория Турции. 小亚细亚半岛南部的古城，位于土耳其。

Архиепископ – один из высших чинов священников в христианской церкви. 大主教，属于基督教教会里最高级别的神职人员。

Диоклетиан (243 — 314? гг.) – римский император. В 303 — 304 гг. он начал преследование христиан. Во II — V вв. многие римские императоры, которые верили в языческих богов, убивали христиан. 戴克里先，公元3世纪的罗马皇帝。公元2—5世纪许多罗马皇帝信奉多神教，迫害基督教教徒。

Русские иконы

В каждой церкви можно увидеть иконы Николая-чудотворца. Святой Николай является покровителем всех путешественников по земле и по морю, он защищает невинных и исцеляет больных.

Вопросы и задания

1. Почему святого Николая называют чудотворцем? Какие чудеса он совершил?
2. Чем объясняется тот факт, что в России построено много церквей, посвящённых святому Николаю?
3. Кому покровительствует Святой Николай?

Святой Сергий

Святой Сергий родился в 1314 г. в селе недалеко от Ростова в семье богатых и знатных бояр. При рождении родители дали ему имя Варфоломей. Рассказывают, что когда он был ещё маленьким мальчиком, он встретил посланного Богом ангела в образе монаха, и тот предсказал, что Варфоломей станет известным и великим святым.

Когда Варфоломей вырос, он и его брат решили удалиться в лес для уединённой святой жизни. Они поселились в лесу недалеко от Радонежа. В пустынном месте они построили сначала дом, а потом небольшую церковь. Жизнь в лесу была тяжёлой. Они должны были сами заботиться о своей пище, одежде и тепле. Брат Варфоломея не выдержал и ушёл жить в богатый монастырь, а Варфоломей остался.

В 1337 г. Варфоломей стал монахом под именем Сергий. Вскоре он стал известен как святой и чудотворец. Рассказывали, что звери лесные не боялись его и приходили к нему. Он исцелял больных, однажды оживил мальчика, который умер.

К Сергию стали приходить многие люди, чтобы жить с ним и учиться у него. И вскоре вокруг его жилья возникло селение. Святой Сергий принимал всех с любовью. Он помогал новым братьям строить дома, много работал: сам носил воду, рубил дрова, шил одежду и готовил еду. По просьбе людей он организовал монастырь и стал его настоятелем.

О жизни Сергия известно много легенд. Говорят, что однажды во время службы в церкви ангел небесный спустился с небес и служил вместе с ним. В другой раз Богородица со святыми апостолами Петром и Иоанном пришла и говорила с ним.

Есть рассказы и о реальных событиях. Во времена Сергия русская земля страдала от татарского ига. В 1380 г. великий князь и воин Дмитрий Донской собрал армию и пришёл в монастырь к святому, чтобы попросить благословения на сражение. Святой благословил князя и предсказал ему победу. Это предсказание сбылось. Князь Дмитрий выиграл сражение на Куликовом поле. Это было началом освобождения

Ростов — старинный русский город, находится на северо-востоке от Москвы. 罗斯托夫，俄罗斯古城，位于莫斯科的东北方向。

Боярин, боярыня (бояре) — высшая знать в России в IX — XVI вв. 波雅尔，领主，世袭贵族，9—16世纪俄国显贵。

Радонеж — древний русский город, находился на северо-востоке от Москвы. Сейчас сохранились только развалины этого поселения. 拉多涅日，俄罗斯古城，位于莫斯科的东北方向。

Под именем Сергий — когда люди становились монахами они получали другое, монашеское имя. Сергий — это монашеское имя Варфоломея. 圣谢尔吉是圣徒瓦尔福洛梅伊的法号。

Братья — так называли друг друга монахи. 指修士们之间的称呼。

Монголо-татарское иго — господство татаро-монголов над русской землей с 1243 по 1480 год. 鞑靼蒙古人的桎梏，指鞑靼蒙古人在罗斯长达240年的统治。

Дмитрий Донской (1350 — 1389 гг.) — московский князь Дмитрий. После победы над татаро-монголами на Куликовском поле около реки Дон получил прозвище «Донской». 莫斯科大公德米特里，因在顿河旁的库里科沃原野率领罗斯将士打败了鞑靼蒙古军队，被尊称为顿河王 Донской。

Куликово поле — стало известно после победы 8 сентября 1380 г. князем Дмитрием и русскими войсками татаро-монгольских войск во главе с Мамаем. Сейчас на этом месте находится музей. 库里科沃原野，1380年莫斯科大公德米特里率领15万罗斯人在这里彻底打败了马迈蒙古军。

Русские иконы

Русской земли от татарского ига.

Святой Сергий умер в 1392 г. Перед смертью он благословил братьев, русскую землю и русский народ. И сейчас Сергий остаётся самым любимым русским святым. На месте его поселения, на высоком холме сейчас стоит огромный красивый монастырь с несколькими церквями, а вокруг него возник город, который назвали в честь святого «Сергиев Посад».

> **Сергиев Посад** – русский город, который возник рядом с монастырём Сергия. Находится в 70 км. к северо-востоку от Москвы. 位于莫斯科近郊，在谢尔吉圣三一修道院出现后逐渐形成的城市。

Вопросы и задания

1. Какие легенды были связаны со святым Сергием? Почему святого Сергия называют Сергием Радонежским?
2. Какую роль сыграл святой Сергий в победе русского войска на Куликовом поле? Какое значение имеет эта победа в российской истории?
3. Какой город назван в честь святого Сергия? Где расположен этот город?

Святая Татьяна

Святая мученица Татьяна родилась в Риме в богатой семье. Её отец был тайным христианином, и его дочь с детства тоже стала христианкой. Татьяна много молилась и читала Евангелие. Она решила не выходить замуж и стала диаконисой – женщиной, которая должна помогать больным и бедным.

Когда император Александр Север начал преследовать христиан, Татьяну заключили в темницу и долго мучили. Затем её и её отца жестоко казнили.

25 января – день памяти святой мученицы Татьяны. В этот день в 1755 г. Российская императрица Елизавета подписала документы о создании Московского университета. Так Татьянин день стал днём рождения университета, а святая мученица Татьяна – покровительницей Московского университета и всех студентов.

Диакониса – один из самых низших чинов в христианской церкви, помощница священника. 神职人员的助手，属于基督教会最低级别的神职人员。

Александр Север (222—235 гг.) – император Рима. Также был известен как жестокий преследователь христиан. 亚力山大·塞维鲁，罗马皇帝，曾残酷迫害基督教徒。

Вопросы и задания

1. Когда отмечается день памяти святой мученицы Татьяны?
2. Как Татьянин день стал днём рождения Московского университета?
3. Кому покровительствует мученица Татьяна?

Святой Георгий

Святой Георгий родился в Малой Азии, в богатой и знатной христианской семье. Он был красивым юношей и смелым воином. Он служил в римских войсках и занимал высокое положение. Когда император Диоклетиан начал преследовать христиан, Георгий ушёл из армии и начал проповедовать христианство. Его заключили в тюрьму и жестоко мучили. На вопрос императора Диоклетиана: «Что есть истина?» он ответил: «Истина есть Христос». Когда в 303 г. его казнили, ему было менее тридцати лет. Есть легенда о том, что жена Диоклетиана царица Александра увидела страдания и мученическую смерть святого и тоже стала христианкой. Когда Диоклетиан узнал об этом, он приказал убить её. После принятия христианства на Руси появились иконы этого святого.

Георгий-победоносец – один из популярнейших святых на Руси. Со времен Ивана III Георгий украшает государственную печать, а щит с Георгием-победоносцем стал гербом Москвы. Георгий с копьем, поражающий змея, изображен на древней русской монете (с XVI в.). Георгий-копейщик (державший копьё) и дал название монете – копейка.

Георгиевский крест – самая чтимая в народе военная награда за храбрость.

Культ Георгия на Русь пришел из Византии в XI в. Именем Георгия (Юрия, Егория) названы многие города и монастыри. На иконах Георгий часто изображается как всадник, пронзающий копьем императора Диоклетиана, что символизирует победу Истины и Добра над Злом, христианства над язычеством. На Руси это изображение меняется. Место побежденного Диоклетиана занимает Змей. Чудовище здесь олицетворяет всё те же силы Зла. Георгий – символ Победы над Злом, олицетворение идеала Красоты, Чистоты и Совершенства. На Руси Георгия почитают как освободителя невинно осужденных, как покровителя городов, военных дел. Ему приписывается покровительство земледельцам (само его имя в переводе с греческого означает «земледелец») и лошадям.

Змей – так называется в русском фольклоре дракон, символизирующий силы Зла. 该词在俄罗斯民间创作中指龙，象征邪恶势力。

Вопросы и задания

1. Откуда в Россию пришёл культ святого Георгия?
2. Что символизирует изображение святого Георгия? Почему его называют Победоносцем? Что символизирует Змей?
3. Кому покровительствует святой Георгий?
4. Как называлась в России самая почётная награда за военные заслуги?
5. К какому слову восходит название русской монеты «копейка»?
6. Где помимо икон встречается изображение святого Георгия?

俄罗斯文化阅读

Двунадесятые праздники

Так называются праздники, установленные в честь и славу Иисуса Христа и Пречистой Его атери Девы Марии. К ним относятся:

1. Рождество Пресвятой Богородицы – 8 сентября (21 сентября н. ст.).

2. Введение во храм Пресвятой Богородицы – 21 ноября (4 декабря н. ст.).

3. Благовещение (ангельское возвещение Пресвятой Деве Марии о рождении от Неё Сына Божия – 25 марта (7 апреля н. ст.).

4. Рождество Христово – 25 декабря (7 января н. ст.).

5. Сретение Господне – 2 февраля (15 февраля н. ст.).

6. Крещение Господне (Богоявление) – 6 января (19 января н. ст.).

7. Преображение Господне – 6 августа (19 августа н. ст.).

8. Вход Господень в Иерусалим (Вербное воскресенье) – в последнее воскресенье перед Пасхой.

9. Вознесение Господне – в сороковой день после Пасхи.

10. День Святой Троицы – в пятидесятый день после Пасхи.

11. Воздвижение Креста Господня – 14 сентября (27 сентября н. ст.).

12. Успение Божьей Матери – 15 августа (28 августа н. ст.).

> н. ст. – новый стиль. 14 февраля 1918 г. Россия перешла на так называемый Григорианский календарь, который действовал во всех европейских странах. До этого летоисчисление в России велось по Юлианскому календарю. 新历，即格里高利历法，是现今国际通用的公历。1918年，俄国开始采用公历，取代此前实行的儒略历（也称俄历）。

По многовековой традиции наиболее любимыми и почитаемыми из перечисленных праздников являются Рождество Христово, Крещение Господне и день Святой Троицы.

Вопросы и задания

1. Что означают двунадесятые праздники?
2. Какие из двунадесятых праздников являются наиболее любимыми и почитаемыми?

Рождение Пресвятой Богородицы

Все двунадесятые праздники посвящаются каким-либо событиям из земной жизни Богородицы или Иисуса Христа. Эти события описываются в Евангелии или в других священных книгах. 21 сентября в церкви отмечают праздник Рождения Пресвятой Богородицы.

Когда приблизилось время родиться Спасителю мира, в галилейском городе Назарете жил потомок царя Давида Иоаким с женой Анной. Оба они люди благочестивые и были известны не своим царским происхождением, а смирением и милосердием. Они большую часть своих денег раздавали бедным, кормили и поили голодных и несчастных, часто посещали храмы, которые украшали на свои средства.

Вся их жизнь была проникнута любовью к Богу и к людям. Они дожили до глубокой старости, а детей не имели. Это очень огорчало их. Особенно тяжело было Иоакиму как потомку царя Давида, потому что в его роде должен был родиться Христос.

Однажды Иоаким отправился в пустыню, где паслись его стада. Тут в молитвах он дал обещание до тех пор не есть, не пить и не возвращаться домой, пока Бог не услышит его молитвы.

Анна, жена его, оставалась дома. Она стала еще усерднее молиться Богу и дала обещание отдать дитя на служение Господу, если Ему угодно будет услышать молитву их. Во время этой молитвы явился ей Ангел и сказал: «Молитва твоя услышана, Господь пошлёт тебе дочь, которую назовешь Марией». Одновременно явился Ангел Иоакиму и объявил ту же радостную весть.

За терпение, великую веру и любовь к Богу и друг к другу Господь послал Иоакиму и Анне эту великую радость – под конец их жизни у них родилась Дочь. По указанию Ангела родители дали ей имя Мария, что значит по-еврейски «Госпожа, Надежда».

> Галилейский город – историческая область в северной Палестине. Согласно Евангелию, Галилея является основным местом проповедей Иисуса Христа. 加利利城，位于巴勒斯坦北部，耶稣传道的主要地方。

Вопросы и задания

1. Как родилась Богородица?
2. Кто были её родители? Какими людьми они были?
3. Какое чудо связанно с рождением Богородицы?
4. Какое имя дали Богородице при рождении? Что оно значит?

Введение во храм Пресвятой Богородицы

Рождение Марии принесло радость не только Её родителям, но и всем людям, потому что Она была предназначена Богом быть Матерью Сына Божия, Спасителя мира. Свою Пресвятую Дочь родители хранили как зеницу ока и не только любили как дочь, но и почитали, помня, что о ней сказал Ангел.

Когда Деве Марии исполнилось три года, родители Её приготовились исполнить свой обет Богу. Они созвали родственников, пригласили ровесниц своей дочери, одели Её в лучшие одежды и, провожаемые народом с пением духовных песен, повели Её в храм Иерусалимский для посвящения Богу.

Иоаким и Анна вернулись домой. А Мария осталась жить при храме. Там Она вместе с другими девочками обучалась Закону Божию и рукоделию, много молилась, читала священные книги и строго соблюдала пост.

Так Пресвятая Мария жила около одиннадцати лет и выросла глубоко благочестивой, во всём покорной Богу, необычайно скромной и трудолюбивой. Когда Пресвятой Деве Марии исполнилось четырнадцать лет, воспитание было окончено. Родители Её, Иоаким и Анна уже умерли. Пресвятая Мария осталась сиротой. Она решила посвятить всю свою жизнь только одному Богу и никогда не выходить замуж. Дух Божий и Святые Ангелы охраняли Божественную Деву.

Пост – в некоторых религиях воздержание на определённый срок от приёма всякой пищи или её отдельных видов (особенно мяса). В православии существуют посты: весенний – великий, семь недель перед пасхой; летний – петровский; осенний – успенский; зимний – рождественский или филипповский, и в некоторые другие дни. Верующим в дни поста запрещаются увеселения, вступление в брак. 斋戒日。按照一些宗教的戒律，斋戒日期间禁止进食，特别是肉类。东正教四季均有斋戒日，比如：春季的大斋持续七个星期，一直到复活节前结束。斋戒期间禁止娱乐和婚嫁。

Вопросы и задания

1. Почему рождение Марии принесло радость не только её родителям, но и всем христианам?
2. Какое обещание дали Богу родители Пресвятой Марии?
3. Как провела Пресвятая Мария одиннадцать лет в храме Божием?
4. Кто охранял Пресвятую Марию?

Благовещение

Праздник Благовещения отмечается 7-ого апреля. Слово «Благовещение» означает «благая», то есть добрая, хорошая «весть». Этой благой вестью для всех людей стал Иисус Христос.

В Евангелии описывается, что весенним днём в конце марта Мария пошла к колодцу с кувшином для воды. Неожиданно Она услышала голос: «Радуйся, Благодатная, Господь с Тобою!». Мария оглянулась, но никого не увидела, пошла в дом и села прясть. Архангел Гавриил зримо предстал перед Марией и повторил то, что Она слышала ранее у колодца. Гавриил сообщает, что у Неё родится Сын от Святого Духа, а назвать Его следует Иисусом, так как Он будет Спасителем человеческого рода. Мария сказала, что она не замужем, поэтому не может родить ребёнка. Но Архангел возразил ей, что для Господа нет невозможного. Тогда Мария покорно приняла волю Господа. На иконе Благовещения Марию всегда рисуют с наклонённой головой. Это символ согласия и покорности перед волей Господа.

Благовещенье – один из самых важных сюжетов Евангелия. Слово «Евангелие» тоже означает «благая весть». Известие о рождении Мессии было радостной вестью не только для Марии, но и для всего человечества. И лица архангела Гавриила с Богоматерью, и цвета на иконе светлые и радостные.

Одно из первых изображений Благовещения сохранилось в Риме и датируется II веком. Древнейшая из икон этого сюжета на Руси датируется XII веком – «Устюжское Благовещение» (из Устюга Великого, ныне находится в Третьяковской галерее).

Вопросы и задания

1. Что означает Благовещение?
2. Кто известил Марию о том, что у Неё родится Сын от Святого Духа? Как описывается это событие в Евангелии?
3. Почему на иконе Благовещения Марию всегда рисуют с наклонённой головой?
4. Каким веком датируется одно из самых первых в мире изображений Благовещения? А когда была написана древнейшая из русских икон, посвящённых этому событию? Как называется и где хранится эта икона?

Рождество Христово

Иисус должен был родиться. По повелению римского императора Августа началась всеобщая перепись населения (в том числе и в Палестине – провинции Рима). Каждый должен был пойти в свой родной город. Мария и Иосиф происходили из рода Давидова и потому пошли из Назарета в Давидов Вифлеем – небольшой городок, верстах в десяти от Иерусалима. Вечером они недалеко за городом нашли пещеру и решились там ночевать.

Событие происходит ночью. На поле у Вифлеема пастухи сторожили стадо. Ночью они увидели необычное сияние, в котором им предстал Ангел. Они испугались, но Ангел сказал им: «... не бойтесь, я возвещаю вам великую радость: родился в городе Давидовом Спаситель, Который есть Христос Господь. И вот вам знак: вы найдете младенца в пеленах, лежащего в яслях». Пастухи пошли в Вифлеем и нашли Марию с Младенцем и Иосифа. Они, простые люди, стали первыми свидетелями чуда и его вестниками.

Когда же Иисус родился в Вифлееме Иудейском, пришли в Иерусалим мудрецы с Востока – волхвы – и говорят: «Где родился царь Иудейский, ибо мы видели звезду его на Востоке и пришли поклониться Ему». Найдя Иисуса-младенца, они в радости подарили дары: золото и драгоценные благовония – ладан и смирну.

Символический смысл даров следующий: золото – для церкви достойно, ладан – Богу фимиам, смирна – натирать мёртвых, т. е. в дарах уже есть указание на грядущую жертву и Воскресение Иисуса Христа.

Иконы рождества Христова раскрывают воздействие этого события на мир – обновление и преображение мира. Вокруг Младенца – представители всего мира в служении Ему. Ангелы славят его пением, волхвы – дарами, пастухи – свидетельством чуда, небеса дарят звезду, земля – прибежище, пещеру. Весь род человеческий славит Деву. Животные и растения – тоже часть благодарного мира, славящего Творца.

Вопросы и задания

1. Где родился Иисус Христос? Как Библия описывает это событие?
2. Кто первым узнал о рождении Иисуса Христа? В чём состоял символический смысл даров восточных мудрецов Новорождённому Христу?
3. Какое значение имеет рождество Христово для христианского мира?

Сретение

Сретение или Встретение на древнерусском языке означает встречу. Это день памяти о встрече, оказанной в Иерусалимском храме Христу-младенцу.

Согласно Ветхому Завету, каждый мальчик-первенец должен был быть принесен матерью в Иерусалимский храм. Совершался этот обряд, как правило, через сорок дней после рождения. Так как по древнему установлению женщина только через сорок дней очищалась, а из-за нечистоты после рождения не могла войти в храм. При этом полагалось принести Богу жертву.

Чтобы исполнить этот закон, Матерь Божия с Иосифом принесли Младенца Иисуса в храм, а для жертвы принесли пару голубей. В храме Их встречает старец Симеон, отличившийся праведной жизнью, наделенный даром пророчества.

Симеон, благодаря дару предвидения, ожидал пришествия Спасителя-Мессии. Лука-евангелист пишет, что Симеон не мог умереть прежде, чем увидит Спасителя. Симеон принимает Христа-младенца из рук Марии и славит Его. Обращаясь к Марии, он сообщает ей трагическую судьбу Сына вплоть до Голгофы и о Её будущих страданиях у Креста.

Рядом стоит пророчица Анна. Лука сообщает о её праведности и молитвенном служении Богу. Она в тот же час, что и Симеон, пришла к храму, восславляя явившегося в мир Спасителя.

Изображение этого праздника у христиан уже встречается в V веке. Симеон и Анна символизируют Ветхий завет. Они, как олицетворение старого мира встречают Христа, Носителя Нового Завета, Нового мира, Новой церкви всех народов.

Вопросы и задания

1. Какой закон предписывал Матери Божией и Иосифу принести Младенца Иисуса в храм?
2. Кто встречает их в храме? В чём состоит символический смысл встречи старцем Симеоном и пророчицей Анной Младенца Христа?

Крещение Господне

19 января в церкви отмечают праздник Крещения Господня. В Евангелии это событие описывают так.

Издавна многие пророки предсказывали рождение Мессии, Спасителя человечества. Одним из таких пророков был Иоанн Креститель. Он ушёл в пустынное место, чтобы вести святую жизнь.

Когда ему исполнилось тридцать лет, он покинул пустыню и начал проповедовать людям о скором приходе Спасителя. «Покайтесь, – говорил пророк, – ибо близится Царство Небесное!» Многие приходили к нему послушать его проповеди, покаяться и креститься. Он крестил народ водой в реке Иордане.

Многие тогда думали об Иоанне: не он ли и есть Христос Спаситель? Но Иоанн объявил, что он не Христос. «Я крещу вас водой, но вслед за мной идёт Сильнейший меня. Он будет крестить вас Духом Святым и огнём (то есть крещение, которое Он даст, будет опалять грехи, как огонь, и подавать дары Духа святого)»

Иисус тоже пришёл к нему. Иоанн сразу же узнал в нём Спасителя и хотел удержать его от покаяния и крещения, зная, что оно ему не нужно. Но по воле Иисуса он совершил обряд крещения. В тот же миг Дух Святой в виде белого голубя спустился с небес на голову Иисуса Христа, и все люди услышали голос с неба: «Это Сын Мой возлюбленный, в котором моё благословение».

Смысл этого события состоит в том, что каждый человек должен очиститься перед Богом, как сделал Иисус Христос. Он был чист и не имел грехов, но показал пример духовного покаяния.

> Крещение – церковный обряд (таинство) посвящения в христиане. 洗礼，基督教主要的圣礼之一。
> Дух Святой – сила божественного вдохновения, в представлении христиан одна из ипостасей Бога из Святой Троицы, Христиане считают, что Бог существует в трёх ипостасях: Бог-отец, Бог-сын и Дух Святой. 圣灵。基督教徒认为，上帝集圣父、圣子和圣灵三位一体。

На ранних иконах над Иоанном и Иисусом изображён Голубь, символ Духа Божия. На поздних иконах часто изображаются ангелы, которые следуют обряду крещения.

Вопросы и задания

1. Почему Иоанна называют крестителем? Расскажите о его жизни.
2. В чем состоит смысл обряда крещения?
3. Чем крестил Иоанн? Чем крестит Иисус Христос?
4. Что символизировало изображение голубей на ранних православных иконах, посвящённых Крещению? Кого стали изображать на более поздних православных иконах, посвящённых этому событию?

Русские иконы

Преображение

Евангелие повествует о том, что, когда Иисус Христос говорил ученикам своим об ожидающих Его в скором времени страданиях, крестной смерти и воскресении, смущались апостолы и сильно огорчались. Для того чтобы поддержать веру учеников в Себя, Господь Иисус Христос показал им славу Свою.

Незадолго до Своих страданий Иисус Христос взял трёх учеников – Петра, Иакова и Иоанна – и с ними взошёл на высокую гору Фавор помолиться.

Пока Спаситель молился, ученики от утомления заснули. Когда же проснулись, то увидели, что Иисус Христос преобразился: лицо Его просияло, как солнце, а одежды стали белыми, как снег, и блистающими, как свет. В это время явились к Нему во славе небесной два пророка – Моисей и Илия – и беседовали с Ним о страданиях и смерти, которые Ему надлежало пережить в Иерусалиме. Необычайная радость наполнила при этом сердца учеников.

Вдруг светлое облако осенило их, и они услышали из облака голос Бога Отца: «Сей есть Сын Мой возлюбленный, в Котором Моё благоволение; Его слушайте!» Ученики в страхе пали на землю. Иисус Христос подошёл к ним, коснулся их и сказал: «Встаньте и не бойтесь». Ученики встали и увидели Иисуса Христа в прежнем виде.

Когда они сходили с горы, Иисус Христос повелел никому не рассказывать о том, что увидели, пока Он не воскреснет из мёртвых.

На образах икон на этот сюжет Христос изображается в белых одеждах, окружённый голубым миндалевидным ореолом сияния – мандорлой, которая бывает овальной формы.

В верхней части иконы, рядом с Христом, располагаются фигуры Моисея и Илии. Эти три фигуры неподвижны, что говорит о том, что

> Моисей – великий пророк Израиля, по преданию, автор книг Библии (т. н. Пятикнижия Моисея в составе Ветхого Завета). В христианстве Моисей считается одним из важнейших прообразов Христа: как через Моисея явлён миру Ветхий Завет, так через Христа – Завет Новый. 摩西，犹太先知。传说，《圣经》的前五卷即出自摩西之手。
> Илия – страстный проповедник христианства и обличитель идолопоклонства и нечестия. 伊利亚，基督教虔诚的传教士，先知。

они преисполнены Божественной благодати и покоя. Апостолы даны в динамике, падают ниц, испытывают ужас. Вера их ещё не крепка.

Смысл Преображения Христа состоит в том, что Христос открывает дорогу и надежду на преображение всего человечества.

Вопросы и задания

1. Для чего Иисус Христос преобразился? Кто, согласно Библии, стал свидетелем этого удивительного события?
2. Каким образом в православной иконографии выражается божественный смысл Преображения Христа?
3. В чём, по вашему мнению, состоит смысл Преображения Христа?

Вход Господень в Иерусалим

Этот день празднуется в шестое воскресенье Великого поста, когда Иисус Христос совершил торжественный вход в Иерусалим, чтобы показать, что Он есть истинный Царь и идёт на смерть добровольно.

С Иисусом Христом идут и Его ученики. На дороге ближе к Иерусалиму стояло селение Вифания. Иисус Христос послал двух учеников Своих, сказав: «Идите в селение, которое прямо перед вами; там вы найдёте привязанную ослицу и молодого осла с нею, на которого никто из людей никогда не садился; отвяжите их и приведите ко мне. И если кто скажет вам что-нибудь, отвечайте, что они нужны Господу».

Ученики пошли и поступили так, как повелел Иисус Христос. Они привели ослицу и молодого осла, покрыли осла своими одеждами, Иисус Христос сел на него и въехал в Иерусалим на осле, что символизирует кротость и миролюбие. Толпа приветствовала Его как Царя. Одни снимали с себя верхние одежды и постилали их Ему по дороге; другие срезали пальмовые ветви, несли их в руках и бросали по дороге. И весь народ в радости восклицал: Спаси нас, Сын Давидов! Да благословит тебя Бог! Спаси нас, Всевышний Боже!

Иисус Христос смотрел на Иерусалим и плакал о том, что этот святой город будет разрушен неприятелями в наказание за то, что иудеи не приняли Иисуса Христа и убили Его.

Иисус Христос вошёл в храм. Там его окружили больные, слепые, безногие, которых по случаю Пасхи собралось в Иерусалиме очень много, и Он исцелил их всех.

Вопросы и задания

1. На какой день приходится праздник входа Иисуса Христа в Иерусалим? В чём состоит смысл этого события? Кто сопровождал Иисуса во время входа в Иерусалим?
2. На чём въехал Иисус Христос в город и какое значение это имело?
3. Как приветствовали Христа местные жители? Что предрёк им Иисус?

Вознесение

Праздник Вознесения празднуют на сороковой день после Пасхи. Иисус Христос был распят и похоронен, но он воскрес и явился своим ученикам и многих другим людям. В течение сорока дней он был с ними, ел и пил, как живой человек. Всё это время он проповедовал им, предсказывал будущее и объяснял смысл своей смерти и воскресения. На сороковой день он собрал апостолов вместе и сказал им: «Идите по всему миру и проповедуйте святое слово. Вы будете крестить людей, исцелять больных и воскрешать мёртвых. С вами будет моё благословение».

После этого Иисус вознёсся на небо, и облако закрыло его. Одни из учеников удивились, другие испугались. В это время перед ними явились два мужчины в белых одеждах, которые сияли. Они сказали, что Иисус Христос, Божий Сын вознёсся на небо и сел рядом со своим Божественным Отцом.

Вопросы и задания

1. Когда отмечают праздник Вознесения? Почему этот праздник так называется?
2. Чем занимался Иисус Христос до момента вознесения?
3. Что, согласно Библии, случилось с Иисусом после Его вознесения?

Святая Троица

С самых ранних веков христиане пытались осознать идею Святой Троицы, которую им проповедовала церковь. Однако идея единства Бога в трёх лицах тяжело входила в сознание верующих. С ещё большими трудностями сталкивались художники, которые пытались выразить эту идею с помощью искусства.

Довольно рано возникает икона «Явление трёх ангелов Аврааму» или «Гостеприимство Авраама». Сюжет этой иконы взят из Ветхого завета, из истории о жизни Авраама.

Среди людей, поклонявшихся Богу, был один по имени Авраам. Он был праведным человеком и почитал Бога. Он был уже стар, ему было больше ста лет, а его жене, Саре, было девяносто лет, но детей у них не было. Однажды, в жаркий летний день Авраам отдыхал, сидя у своего дома. Вдруг он увидел трёх странников, и угадал в них посланников Бога. Он подбежал к ним, пригласил в дом и приготовил богатое угощение для гостей. После обеда один из ангелов сказал: «Через год у твоей жены будет сын». Сара услышала эти слова и внутренне рассмеялась. Она была уже стара и не могла иметь детей. Но ангел прочитал её мысли и сказал Аврааму: «Почему рассмеялась Сара? Разве есть трудное для Бога? Через год у тебя будет сын». Обещание Бога исполнилось, и через год у Авраама и Сары родился ребёнок.

Из текста Библии ясно, что одним из странников, которые пришли к Аврааму, был сам Господь Бог. Два другие были ангелами. Позднее этот сюжет из Ветхого Завета был переосмыслен христианами. Три посланника, пришедшие к Аврааму, стали ассоциироваться с образом Бога, существующего в трёх сущностях: Бога Отца, Бога Сына и Святого Духа.

На ранних иконах художники изображали трёх ангелов, сидящих на одном уровне, не выделяя особенно ни одного из них. Этим они подчёркивали неразделимость трёх сущностей Бога. В центре иконы изображались три ангела, а рядом фигуры Авраама и Сары. На заднем плане были изображения слуг, готовящих угощение для обеда. Также на иконе были изображения дома Авраама, горы и Мамврийского дуба.

Троица — от слова «трое», в христианстве так называют божество, в которое веруют христиане, оно состоит из трёх сущностей (Бог-отец, Бог-сын, Бог-дух святой), но, тем не менее, является единым Богом. 源于 трое 一词，基督教徒这样称呼上帝，认为上帝是圣父、圣子和圣灵三位一体的神。

Мамврийский дуб — дуб в долине рядом с городом Хевроном, где жил Авраам со своей семьёй. У этого дуба произошла встреча Авраама с тремя ангелами. 慢利橡树，生长在希伯伦城附近的山谷。旧约圣经里，人类的祖先亚伯拉罕就在慢利橡树下与三个天使相遇。

Русские иконы

Этот сюжет становится популярным уже среди ранних христианских художников. Изображение Троицы можно найти и в итальянских, и в греческих церквях, и в церквях славян. На Руси уже в XI в. появилась фреска на этот сюжет в киевских церквях. Этот сюжет стал излюбленным в творчестве многих иконописцев. «Троица» Андрея Рублёва считается одной из самых прекрасных и совершённых русских икон.

> **Андрей Рублёв** (ок. 1360 — 70 – ок. 1430) – русский живописец, крупнейший мастер московской школы иконописи. Участвовал в создании росписей и икон соборов: старого Благовещенского в Московском Кремле (1405), Успенского во Владимире (1408) и др.
> 安德烈•鲁布廖夫，俄国画家，莫斯科圣像画派最杰出的代表，莫斯科许多教堂的壁画和圣像画均出自他的手笔。

Вопросы и задания

1. Откуда был взят сюжет для икон с изображением Святой Троицы?
2. Какое чудо совершил Бог для Авраама и Сары?
3. В чём состоит идея Святой Троицы и как она передаётся в иконографии?
4. Когда на Руси появились первые изображения Святой Троицы? Какая русская икона на эту тему считается самой лучшей? Кто был её автором?

Воздвижение Креста Господня

Воздвижение Креста Господня связано с прекращением гонений на христиан в начале IV века при римском императоре Константине Великом. Император Константин сам убедился в силе и славе Христа. Однажды накануне решительной битвы он и всё его войско увидели на небе знамение креста с надписью «Сим побеждай». В следующую ночь императору явился Сам Иисус Христос с Крестом в руке и сказал, что этим знамением он победит врага. Иисус Христос повелел сделать воинское знамя с изображением святого Креста.

Константин исполнил повеление Божие и победил врага. Он принял христиан под своё покровительство и объявил веру Христову господствующей. Он отменил казнь через распятие и издал законы в пользу Церкви Христовой. За свои заслуги и усердие в распространении христианской веры Константин Великий и его мать Елена называются святыми царями равноапостольными.

Равноапостольный царь Константин захотел построить храмы Божие на священных для христиан местах рождения, страдания и воскресения Господа Иисуса Христа и найти Крест, на котором был распят Спаситель. Исполнить желание царя взялась его мать, святая равноапостольная царица Елена.

В 326 году царица Елена отправилась в Иерусалим. Много труда положила она, чтобы отыскать Крест Христов. Наконец она нашла в пещере крест с помощью одного престарелого еврея по имени Иуда, который знал, где находится Крест Господень.

Узнав об этом великом событии, христиане собрались к месту, где был найден Крест Господень. Всем хотелось приложиться к святому Животворящему Кресту. Но из-за множества народу это сделать было невозможно, поэтому верующие люди стали просить хотя бы показать его.

Тогда Иерусалимский патриарх Макарий встал на возвышенном месте и поднимал Крест несколько раз. Народ, видя Крест Спасителя, кланялся и восклицал: «Господи, помилуй!» Святые равноапостольные цари Константин и Елена над местом страданий, погребения и воскресения Иисуса Христа построили великолепный храм в честь Воскресения Христова. Построили также храмы на Елеонской горе, в Вифлееме и в Хевроне у Дуба Мамврийского.

Царица Елена часть Креста Господня принесла своему сыну, царю Константину, а другую часть оставила в Иерусалиме. Этот драгоценный остаток Креста Христова и до настоящего времени хранится в храме Воскресения Христова.

> Елеонская гора — известняковый кряж к востоку от Иерусалима, где вознёсся Иисус Христос на Небо. 橄榄山，位于耶路撒冷东部的丘陵地带，耶稣升天的地方。
> Вифлеем — город, где родился Иисус Христос. 伯利恒，耶稣的诞生之地。
> Хеврон — город, где жил Аврам и произошла его встреча с тремя ангелами рядом с Мамврийским дубом. 希伯伦城，这里居住过人类的祖先亚伯拉罕，他在幔利橡树下与三个天使相遇。

Вопросы и задания

1. Что знаменовало время господства римского императора Константина Великого?
2. Расскажите, как нашёлся крест, на котором был распят Спаситель. Что последовало за этим событием?
3. Где в настоящее время находится Крест Христов?

Успение Богородицы

После крестной смерти Господа Иисуса Христа Пречистая Матерь Его много лет жила в Иерусалиме, в доме апостола Иоанна Богослова, попечению которого поручил Её Господь.

Пресвятая Матерь Божия стала для всех учеников Христовых общей Матерью. Они вместе с Ней молились и с великой радостью и утешением слушали Её поучительные беседы о Спасителе. Когда вера христианская распространилась в других странах, то многие христиане приходили из дальних стран увидеть и послушать Богоматерь.

Живя в Иерусалиме, Матерь Божия любила посещать те места, на которых часто бывал Спаситель, где Он пострадал, умер, воскрес и вознёсся на небо. Она молилась на этих местах, плакала, вспоминая о страданиях Спасителя, и радовалась на месте Воскресения и Вознесения Его. Она часто молилась и о том, чтобы Христос скорее взял Её к Себе.

Однажды, когда Она была на Голгофе, Ей явился Архангел Гавриил и возвестил, что скоро Ей предстоит перейти в Жизнь небесную. Мария обрадовалась этой вести. Иоанн и остальные апостолы, услышав голос с неба, поспешили явиться к ней. Все они стали молиться. В третьем часу, когда должно было свершиться Успение Богородицы, необыкновенный свет озарил комнату, где лежала Божья Матерь. Сам Христос, окружённый Ангелами, спустился с небес, протянул руки к Матери Своей и принял Её непорочную душу.

В этот миг апостолы припали к одру Богоматери, помолились, а затем понесли Её в Гефсиманский сад, где Она была погребена. По дороге пытался остановить это шествие иудейский священник Афоний, и даже попытался он опрокинуть одр. Но тут явился Ангел и отрубил ему обе руки. Афоний раскаялся и стал просить Богоматерь простить его. Мария простила иудея, апостол Пётр исцелил его.

В верхнем регистре в поздних иконах изображаются апостолы, слетающиеся на облаках, каждое из которых поддерживается ангелом.

На одре лежит Богородица, а вокруг собрались апостолы.

Над одром в сияющей славе возвышается Христос с душой Богородицы в руках, представленной фигуркой в белых пеленах. Ореол Христа бывает тройной, заострённой формы.

Вопросы и задания

1. Где и как жила Матерь Божия после крестной смерти Господа Иисуса Христа?
2. Что означает успение? Как в Библии описывается момент успения Божией Матери?
3. Что обычно изображается на иконах Успения Божией Матери?

俄罗斯人性格

Русский характер

Предисловие

«Почему слова «итальянец», «американец», «канадец», «китаец», «немец», «грузин», «грек» имена существительные, а «русский» – прилагательное?» Такой хитрый вопрос русские любят задавать не только изучающим русский язык иностранцам, но и друг другу. Этот вопрос прежде всего имело бы смысл рассматривать как повод для шутки, но сегодня даже средства массовой информации преподносят его вовсе не в юмористическом контексте, а вполне серьёзно, как некий необъяснимый феномен.

О тайнах русской души сказано и написано очень много. Ещё в древние времена иностранцы, попадая в Россию и общаясь с русскими, убеждались в том, что они часто ведут себя, мыслят и действуют иначе, чем их ближайшие европейские соседи. Известно, что славяне вообще традиционно воспринимаются на Западе как особые, не похожие на прочие народы, но и среди славянства именно русские вот уж несколько столетий остаются наиболее непонятными и загадочными.

На вопрос: «Откуда пошла русская земля?» – древняя русская летопись сама же и отвечает: «Из Новгорода». Именно здесь, в районе Ильмень-озера, сложилось ядро будущего государственного образования восточных славян, первым князем которого стал выходец из Скандинавии Рюрик (862—879 гг.), а при его преемнике Олеге Русь простирается уже до Приднепровья и её политический центр перемещается в 882 г. в Киев. Поначалу Русь платила дань Хазарской державе – своей юго-восточной соседке, но в 964—965 гг. киевский князь Святослав Игоревич разгромил хазар и подчинил их своей власти.

Известно, что современный русский происхождением своим обязан как минимум трём основным этническим элементам: восточно-славянскому, финно-угорскому и тюркскому. Между ними шли ассимиляционные процессы. Русские земли, через которые пролегал путь многих завоевателей как с востока, так и с запада, стали тем этническим котлом, где преобразовывались не только гены, но и совершенствовался дух коренного населения, каким уже более тысячи лет являются русские.

> **Хазарская держава** – простиралась от Каспийского моря и нижнего течения Волги до Оки, среднего течения Днепра и Чёрного моря; представляла собой объединение феодальных и полуфеодальных образований. Центр Хазарского ханства VII-IX веков – город Итиль (приблизительно на месте современной Астрахани). 哈扎尔国（从里海、伏尔加下游到奥卡河、第聂伯河和黑海一带由突厥人部族组成的封建和半封建制的国家）。

俄罗斯文化阅读

Казалось бы, о русском человеке и русском национальном характере написано очень много. Но, оставшись один на один, с горой литературы по теме, даже бывалый российский читатель придёт в затруднение, не зная, с чего начать, на что обратить внимание, как разобраться в сложных, иногда взаимоисключающих мыслях и противоположных суждениях тех или иных авторитетов, как сориентироваться в пугающем массиве необъятного материала.

Данный раздел представляет собой всего лишь попытку популярного изложения того, что уже известно, но по-прежнему вызывает острые споры. Изучающему русский язык иностранному читателю он послужит своеобразным путеводителем по русскому характеру, а россиянам, может быть, будет любопытно и небезынтересно лишний раз взглянуть на себя со стороны.

Умом Россию не понять

1. Можно ли понять русского человека?

Безусловно, у русских как у нации очень много самобытных, неповторимых черт, отличающих их от других этносов. И всё же тезис, что русский человек и русский характер недоступны пониманию и научному познанию, – не более чем миф. Этот миф нашёл отражение в художественной литературе, философии, публицистике, искусстве, в народном сознании и подсознании, то есть на житейском, бытовом уровне. В генезисе данного мифа прослеживаются и иностранные корни. Иностранцы, которые интересовались и профессионально занимались Россией и русскими, но не сумели ни в том, ни в другом разобраться, пришли к выводу, что объект изучения – это нечто особое и что тайну русского человека и русского характера раскрыть невозможно. Непонимание со стороны иностранцев идёт большей частью от незнания реалий русской истории и культуры, русской жизни.

Что касается самих русских, то для одних вечная тайна русской души – всего лишь миф, а для других – чуть ли не главная национальная ценность, предмет особой гордости, незыблемый приоритет. Не случайно разные национальные авторитеты далеко не одинаково толкуют и интерпретируют суть этого феномена.

Но миф и традиция придают русскому национальному характеру особую таинственность. Тайнами русской души можно объяснить всё что угодно: и национальные трагедии, которые знала страна, и реки крови, через которые она прошла, постоянную бедность и нищету народа, и самые разные проблемы прошлого, настоящего и будущего. Свою попытку разгадать эту загадку делает Эдита Пьеха, певица, которая сказала: «Какие они стали неинтересные, наши мужчины! Женщина у нас – феноменальный человек. Такой груз бесчисленных обязанностей несёт на себе, что даже больно за неё. Как Атлант, держит на своих плечах государство – в каждой семье каждая женщина держит на себе государство. А мужчины всегда придумывают оправдания, поэтому отлынивают от работы, мало помогают. Они у нас очень избалованны. Я считаю, что сейчас у нас главнейшие – священник и женщина. Священник помогает верующим, а женщина спасёт семью и через неё – общество.

Атлант – титан в греческом мифе, держит на своих плечах небесный свод в наказание за участие в борьбе титанов против олимпийских богов. 阿特拉斯，希腊神话中的提坦巨神之一，以双肩顶天，作为对他参与提坦之战（提坦神对奥林匹斯山诸神之战）的惩罚。

Женщина, которая не заблудилась в наш век, а нашла в себе энергию вдохновить мужа и детей, способна горы свернуть».

Чаще всего, когда предлагаешь иностранцу назвать какие-то главные доминирующие черты русской натуры, слышишь в ответ, что русский характер состоит из крайностей.

То, что это действительно так, можно заключить даже при беглом знакомстве с высказываниями о России великих русских мыслителей.

2. Русские писатели о главных чертах соотечественников

Как правило, национальные гении и выдающиеся умы России подходили к русскому человеку диалектично, обращая внимание на его привлекательные, достойные уважения качества и не умалчивая об отрицательных. К примеру, Александр Пушкин (1799—1837 гг.), всегда гордившийся, что он сын России, в повести «Путешествие в Арзрум» вынужден был признать: «...замечательные люди исчезают у нас, не оставляя по себе следов. Мы ленивы и нелюбопытны».

Николай Гоголь (1809—1852 гг.), известный своими доведёнными до карикатурности русскими типами, зло и весело высмеивавший многие неприятные, а то и безобразные черты и свойства соотечественников, в то же время воспевал русского человека, восхищаясь им, и видел в русских самый христианский народ, способный к самоуглублению и самосовершенствованию.

О характере и назначении русского народа много и порой мучительно размышлял Фёдор Достоевский (1821—1881 гг.). Зная слабости, недостатки и пороки русского человека, он всё же именно русских считал избранными Богом воплотить в жизнь христианско-православные идеалы. «Широк человек – надо бы сузить», – приходит к выводу один из героев романа Достоевского «Братья Карамазовы». Но на самом деле именно широту русской души, размах русского характера, щедрость чувств сам автор противопоставляет меркантилизму европейского Запада.

Обычно иностранцы, прочитавшие А. С. Пушкина, Н. В. Гоголя, Ф. М. Достоевского, Л. Н. Толстого, А. П. Чехова, И. А. Бунина или кого-то ещё из знаменитых русских писателей, признаются, что это чтение не облегчило их блуждание по лабиринтам русской души и позволило лишь получить представление о том, насколько безнадёжно запутаны и как глубоко вниз, высоко вверх и далеко в сторону уводят бесконечные залы, коридоры, галереи, пролёты, ложные и истинные выходы из этих головоломных лабиринтов.

Бесспорно, русскому человеку много дано, он значительно отличается как в хорошую, так и в плохую сторону от этнически далёких и в меньшей степени, но всё же заметном – от близких народов. Но ведь уникален и неповторим любой народ, любой этнос, любой человек. «Человек есть тайна», – писал Достоевский. То же можно сказать и о каждом народе, и вряд ли русские в этом отношении кому-то уступают или, напротив, кого-то превосходят.

В 1860 г. русский поэт Фёдор Тютчев написал четверостишие, которое стало своеобразным гимном таинственной России и вместе с тем одой не менее загадочной и непонятной русской душе.

Умом Россию не понять,

Аршином общим не измерить:

У ней особенная стать –

В Россию можно только верить.

Давайте вдумаемся в строки Тютчева. Почему,

«Широк человек... надобно бы сузить» – словами Ивана Карамазова Ф. Достоевский говорит о широте и многогранности человеческой сущности. Часто в одном человеке соединяется, казалось бы, несовместимое – он и убийца, и злодей, он и страдалец. "人性宽阔……应当有所限制"——陀思妥耶夫斯基借笔下人物伊万·卡拉马佐夫之口说明人性宽广而复杂，一个人常常是矛盾的集合体，既是杀人犯、恶棍，又是受难者。

спрашивается, в качестве средства измерения в них фигурирует не какой-то общепризнанный в мире или хотя бы в Европе эталон, а рутинный аршин, который использовали как меру длины (он равен 71,12 см) в ряде восточных стран? Кстати, и само слово «аршин» – тюркского происхождения.

Как известно, поэзия очень символична, в ней присутствует больше подсознательного, чем в прозе. И, по-видимому, Тютчев, который большую часть жизни провёл на дипломатической службе в Германии и Италии, умышленно употребляет не единицу из получившей распространение в Западной Европе метрической системы мер, а старинный аршин, который служит своеобразной аллегорией, показателем **евразийства** России, её особого пути и содержит намёк на национальную исключительность.

Почему умом Россию не понять?

Потому что русский человек живёт зачастую не столько умом, сколько сердцем, эмоции в нём преобладают над разумом.

По мысли Достоевского, русского человека по самой его природе инстинктивно тянет «на братство, общину, на согласие... несмотря на все вековые страдания нации, несмотря на варварскую грубость и невежество, укоренившиеся в нации, несмотря на вековое рабство, на нашествие иноплеменников...». В западном же человеке, по Достоевскому, «нет братского начала, а напротив, начало единичное, личное, требующее с мечом в руке своих прав».

3. Особенности русской цивилизации в сравнении с западной

Принято условное деление людей на интровертов и экстравертов. Первые обращены на самих себя и сосредоточены на себе, а вторые представляют их полную противоположность. Русский тип цивилизации – интровертный. При внешней открытости к воздействию других культур она внутренне остаётся невосприимчивой к ним, сопротивляется их влиянию и отторгает всё, что чуждо и не вписывается в веками сложившийся уклад жизни, выступает за рамки традиций.

Русский способ освоения мира ориентирован не на отдельную личность, а на всё человечество, он не предусматривает быстрого, немедленного, без откладывания на завтра или послезавтра, решения возникающих проблем, как на Западе, но охотно допускает, что дело до них дойдёт ещё не скоро, не «здесь и сейчас», а когда-нибудь потом, в другой раз, в другое время и в другом месте. Причём иррационализм и иллюзорность такого подхода, его практическая несостоятельность – в порядке вещей и вовсе не расцениваются со знаком минус, тогда как европейский прагматизм и здравый смысл, напротив, отвергаются как ошибочные и неприемлемые.

Евразийство – концепция, возникшая в среде эмигрантской интеллигенции в 1920-х гг. Основная мысль евразийского учения состоит в том, что Россию считают отличной от Запада и Востока. Это как бы особый замкнутый и самодостаточный мир. По этой концепции, первостепенную роль в России играют православие, церковь и сильное государство, связанное с народом. 欧亚主义是20世纪20年代侨居在国外的一些俄罗斯知识分子提出的理念，他们认为俄罗斯既不同于西方，又不同于东方，是一个封闭而自足的独特世界，东正教、教会、与人民紧密相连的强大国家在俄罗斯的作用至关重要。

Современный учёный, величайший знаток России, литературовед, историк и философ русской культуры, академик Дмитрий Лихачёв (1906—1999 гг.) проводит границу между Россией и Западом, акцентируя внимание на принципиальной разнице в типе цивилизаций. Россия, как считает Лихачёв, это цивилизация Слова и Духа, Души, а не цивилизация Дела, как на Западе. Однако Лихачёв не только не поддерживает расхожий миф, но и развенчивает его: «Никакой загадочности русской

Русский характер

души нет. Какую мы хотим Россию, такой мы её и сделаем. Это от нас зависит, а не от какой-то судьбы или предназначенности... Мы должны делать и поступать так, как считаем нужным».

4. Русский тип человека

Обычно в зарубежной науке придерживаются мнения, что на Западе сформировался «прометеевский» тип человека, призванный своими организующими усилиями упорядочить царящий в мире хаос. «Прометеевский» человек честолюбив, энергичен, деятелен, прагматичен,

> **Прометеевский тип** (от имени Прометея, который, согласно легенде, восстал против богов) – героический тип человека с рациональным стилем мышления, ориентацией на конкретный результат и эффективность. 普罗米修斯类型，源自古希腊神话中的普罗米修斯的名字，具有勇敢、理性、重具体结果、追求效率的性格特点。
> **Иоанновский тип** – мессианский человек, то есть человек, следующий идеалу, данному в Евангелии от Иоанна. Такому человеку свойственны ценностный стиль мышления, стремление к абсолютному Добру. Он не придаёт большого значения земным ценностям. 约翰类型，源自福音书作者之一约翰的名字。该类型的人具有强烈的弥赛亚（救世主）意识、追求理想、至善至美、轻视世俗的价值取向。

жаждет власти, желает новизны и ориентирован на будущее. Вещи и оптимально удобное устройство своего дома, быта, окружающей среды обитания занимают его больше, чем духовная жизнь и её проблемы.

«Прометеевскому» типу человека противопоставляют православный или «иоанновский» тип, который характерен для России. «Иоанновский» человек терпелив, пассивен, консервативен, погружён в прошлое и поглощён вечным поиском идеалов и высшего совершенства. Он по своей собственной, только ему ведомой этической шкале разводит добро и зло, замеряет тот нормативно-ценностный порядок, с которым сталкивается.

В отличие от «прометеевского» и «ионновского» человек восточный обращён в вечность, видит своё призвание в «недеянии» или воздержании от произвола вмешательства во что-либо во избежание нарушения гармонии, отклонения от состояния золотой середины.

В социальной психологии и социологии известны и другие классификации и подразделения людей в зависимости от цивилизованных признаков и ментальности (умонастроения, мыслительных установок, коллективных представлений и склада ума).

Возможно, все эти градации и классификации облегчают задачу понимания особенностей людей, живущих в России, Америке, Западной Европе и других регионах мира, но вряд ли исчерпывают проблему.

Вопросы и задания

1. Как автор объясняет происхождение русской нации?
2. Какую роль играют русские женщины, согласно высказыванию певицы Эдиты Пьехи?
3. В чём, по мнению Ф. М. Достоевского, состояла избранность русского народа?
4. Почему стихотворение Ф. Тютчева стало своего рода гимном таинственной России?
5. В чём проявляются интровертные черты русского народа?
6. Что характерно для русского способа освоения мира?
7. В чём Лихачёв видит принципиальную разницу между Россией и Западом?
8. Какую методику, типологию или классификацию вы считаете оптимальной для анализа русской души?

Русский человек в интерьере своей истории и географии

1. Становление религиозного сознания русского народа

Русский национальный характер немыслимо рассматривать вне таких категорий, как пространство и время. Он неразрывно связан с географией и историей страны.

Неизгладимый след на русский менталитет наложило язычество, или многобожие (политеизм). Божества восточнославянского пантеона составляли целую иерархию, ведущее место в которой на ранней стадии принадлежало верховному владыке неба – Сварогу. Его сын Дажбог был богом солнца, покровителем плодородия и мифическим родоначальником древних русичей. Позднее на первый план у землевладельцев-славян выдвинулся Перун, олицетворявший водно-небесную грозовую стихию. Наряду с ним почитались Велес (скотий бог), Хорс (бог солнечного диска, око неба), Стрибог (бог ветра и воздушных стихий), Семергал (бог семян, охранитель растений и зелени), Мокошь (покровительница прядения и ткачества).

Приняв христианство, русские долго и тяжело расставались с прежней верой отцов и дедов, так до конца и не освободившись от её влияния. Проявления язычества прослеживаются до сих пор. Архаика, изобилие анахронизмов и патриархальность вообще свойственны общественному укладу России на протяжении всей её истории. Признаки язычества и пережитки средневековья проступают в сегодняшнем дне, в современном строе русской жизни не менее выпукло, чем черты постиндустриального общества.

Разумеется, любую страну, любой народ нельзя рассматривать вне исторического контекста, но к России и к русскому народу это относится в особой степени. Есть мнение, что русские очень заметно обременены тяжким грузом прошлого. Приняв христианство, они продолжали наполовину оставаться язычниками. Далеко не бесследно для русского человека прошли около 250 лет татаро-монгольского ига и почти три столетия крепостного права. Во многом в результате таких особенностей исторического развития в русском человеке сильно начало, которое в современной науке называют культурным бессознательным. Другими словами, это комплекс стереотипов сознания, моделей поведения, восприятия мира, ценностных установок и т. п. В его основе – старинные языческие, патриархальные, средневековые, православные традиции. Эти традиции, как правило, полны ограничений и запретов (табу).

Один из ярких показателей религиозности сознания русских – обожествление власти, наличие харизматических лидеров, будь это князья, цари, вожди, генеральные секретари или президенты. Наиболее характерные признаки и симптомы обожествления власти – культы личности Ленина и Сталина. Первичные авторитеты русских на низовом уровне: отец – глава семьи и начальник – представитель местной администрации.

Особенности исторического пути России философ Иван Ильин (1882—1954 гг.) видел в непрерывном отстаивании её независимости и

> **Русичи** – (и его варианты РУСЫ, РОССЫ, РУССКИЕ) население территории Руси, представлявшей первоначально (IX в.) небольшой участок днепровского Правобережья с центром в Киеве и южной границей по реке Рось. 罗斯人, 也称русы, россы, русские, 指公元9世纪居住在以基辅为中心的第聂伯河西岸和罗西河南部区域的居民。

суверенитета: «История России есть история муки и борьбы: от печенегов и хазар до великой войны двадцатого века»; «Из века в век наша забота была не о том, как лучше устроиться или как легче прожить; но лишь о том, чтобы вообще как-нибудь прожить, продержаться, выйти из очередной беды, одолеть очередную опасность; не как справедливость и счастье добыть, а как врага или несчастье избыть...».

2. Православие

Мощный отпечаток на характер русского народа наложило православие, заимствованное в Византии и ставшее официальной религией на Руси в 988 г.

Слово «православие» образовано при переводе на русский язык греческого «ортодоксия» и приобрело смысл «верное учение». Тем самым византийское, или восточное, христианство противопоставлялось западному (католическому). Таким образом русские, по их собственному убеждению и разумению, стали «правильными славянами», то есть правильно славящими Бога.

Вместе с тем на католическом Западе закрепилось совершенно иное отношение к православию. Репутация православных народов, сложившаяся в общественном мнении Запада, – это репутация несчастных, поплатившихся из-за своей веры несколькими веками рабства ввиду того, что православная церковь не могла противостоять государству, не могла защитить свою паству и вооружить её силой веры. В результате свет христианства будто бы лишь в малой мере пролился на эти народы, не достиг своей цели, и основная масса людей по существу оставалась безбожниками. А безбожный народ беззащитен, беспомощен и обречён жить в стране рабов.

Такое мнение не находит понимания в России и даже резко оспаривается, поскольку система ценностей и духовная жизнь русских людей в разные периоды истории неразрывно связаны с православием, а также ещё и потому, что только православие, в глазах народа, есть истинно христианская вера. Сомнителен тезис и о пассивности Русской православной церкви. Разве не молитва, не чудотворные иконы помогли Руси выстоять? Разве не в монастырях и храмах божьих, среди национальных святынь, зародилась «религия сопротивления», основоположник которой Сергий Радонежский благословил в 1380 году войско московского князя Дмитрия Ивановича (Донского) на решающее сражение с татарами – Куликовскую битву?

П. Чаадаев одним из первых среди русских

От печенегов и хазаров – начиная с III и вплоть до X — XI вв. кочевые племена печенегов и хазар представляли для разрозненных русских племён главную угрозу с юга. История Древней Руси – это череда побед и поражений русского войска в борьбе с кочевниками. Во многом именно благодаря войнам с печенегами и хазарами и состоялась Древняя Русь как великая держава. Поэтому историки условно берут за исходную точку становления русской государственности период активной борьбы с печенегами и хазарами. 佩彻涅格人和哈扎尔人。从3世纪到10—11世纪，游牧民族佩彻涅格人和哈扎尔人一直从南部对居住分散的俄罗斯民族构成主要威胁。古罗斯的历史就是俄罗斯民族和游牧民族之间不断对抗、胜负交替的历史，在这个过程中古罗斯逐渐成为一个强大的国家。因此，历史学家通常把俄罗斯民族与游牧民族佩彻涅格人和哈扎尔人的积极对抗视为罗斯作为国家形成的开端。

Религия сопротивления – русская земля во времена Сергия Радонежского страдала от татарского ига. Великий князь Дмитрий, собрав войско, пришел в его монастырь за благословением на предстоящее сражение. Сергий Радонежский не только благословил воинов и поддержал Дмитрия Донского, но и послал в помощь великому князю двух иноков своей обители: схимонаха Андрея (Ослябю) и схимонаха Александра (Пересвета). Так родился термин «религия сопротивления», когда православные служащие не покорялись смиренно воле Господа, а с оружием в руках боролись за свободу русской земли. 1380年，莫斯科王公德米特里率军迎战鞑靼蒙古军队。出征之前，他专门来到莫斯科郊区的东正教圣地——圣三一修道院，接受德高望重的修士圣谢尔吉·拉多涅日斯基的祝福。圣谢尔吉·拉多涅日斯基不仅祝福军人和支持王公德米特里，还从自己的修道院中派出两名修士——苦行修士安德列和亚历山大前去援助大公。"抵抗宗教"的术语由此产生，它表示东正教信徒没有顺从上帝的意志，而是拿起武器捍卫俄罗斯领土的自由。

мыслящих людей XIX в. обратил внимание на то, что Россия слишком сосредоточилась на далёких от земной жизни православных ценностях и идеалах. Православные пастыри, как впрочем, и католические, неустанно учили терпеливо выносить тяготы и неудобства земной юдоли, с тем чтобы с чистой душой вступить затем в Царствие Небесное. Русский человек привыкал довольствоваться малым на этом свете, чтобы по заслугам получить воздаяние на том.

Системой бесчисленных запретов и ограничений Русская православная церковь всегда ставила верующего в положение грешника. Лишь избранным было под силу соблюдать все посты и выполнять требования, которые предъявлялись к любому христианину. В результате почти каждый знал за собой тот или иной грех, начиная с первородного, совершённого Адамом, в чём-то отступал от церковных предписаний и становился как бы онтологически виновным. Трудно представить себе православного человека, свободного от комплекса вины, хотя это не комплекс человека, совершившего уголовное преступление, на что народная молва откликалась житейским афоризмом «Не согрешишь – не покаешься».

Безусловно, одна из главных причин долготерпения и покорности русского народа лежит именно в православной этике.

На Западе, особенно со времени появления протестантизма, служение Богу не исключает земных успехов, материального благополучия, преумножения богатств. В России то же самое понятие плохо совмещалось с обеспеченной, устроенной жизнью в большом красивом доме со своей семьёй, удачным бизнесом, карьерой, зажиточностью, финансовым преуспеванием и т. п. Исключением были русские протестанты – старообрядцы, которые большое значение придавали делам и не считали зазорным стать богатыми купцами. По русским меркам, быть прилежным прихожанином – это ещё не значит исполнять всё сообразно с законом Иисуса Христа. Для истинно православного русского человека «послужить Богу» – это отказаться от сытой и спокойной жизни, от достатка, от налаженного быта и удобств, удовольствий и развлечений и принести себя, свои интересы и интересы семьи в жертву ради какой-то благородной и угодной Богу цели. Разумеется, далеко не всем было дано осуществить такой подвиг во имя веры Христовой, но те, кому это было не по плечу, благоговели перед теми, кто это сделал.

Онтологически виновный – христианство исходит из убеждения, что человек рождается в грехе, а потому является греховным от рождения, т. е. виновным от рождения. (基督教的观点) 人生来就是有罪的。

Комплекс вины – ощущение человеком своей вины. 罪恶感。

Старообрядцы (или староверы) отвергали церковную реформу, предпринятую в 1650-х–1660-х гг. патриархом Никоном и царём Алексеем Михайловичем. В результате, в русской православной церкви произошёл раскол. Спасаясь от преследований официальных властей и официальной церкви, старообрядцы бежали в удалённые местности России (на Урал, в Сибирь) и за границу, где они могли сохранять традиции исконного русского православия. 旧信仰派或旧礼仪派，指不赞成尼康教会改革（1653—1656）的人。

3. Некоторые особенности прошлого русских

До XX в. Россия была по преимуществу аграрной страной, основной частью населения которой было крестьянство. С древности земледельческий труд был коллективным. Для удобства ведения хозяйства крестьяне объединялись в самоуправляемую общину. Община регулировала крестьянскую жизнь, контролировала вопросы землепользования и обеспечивала каждой семье некий прожиточный минимум. В общине были твёрдые представления о справедливости, в основе которых было примерное имущественное равенство крестьян.

Вопросы распределения земли между членами общины решались так, чтобы никто не мог ни разбогатеть, ни впасть в нищету. В результате нормой жизни стал более чем скромный достаток или же откровенная бедность. В советское время общинные отношения нашли продолжение в ускоренно насаждаемых сверху в 1930-х гг. колхозах в период коллективизации, а также в первичных объединениях на производстве – бригадах. Общинная психология во многом объясняет феномен советской уравниловки: почти одинакового вознаграждения за разный и по квалификации, и по затраченным усилиям, и по качеству труд.

4. Влияние российских просторов на характер их обитателей

Иностранцам, побывавшим в России, русский человек в меньшей степени представляется сфинксом или инопланетянином, чем тем, чьи знания о стране базируются на литературе, фильмах и том банке данных из Интернета, которые можно получить благодаря современным информационным технологиям. Только проехав или пролетев по огромным пространствам страны, зарубежный гость начинает понимать, как она велика и разнообразна, как влияют эти необозримые просторы на настроение, мысли, образ жизни человека.

О том, что географическая среда, особенности климата определили наряду с другими факторами (история, культура, вероисповедание) многие стороны и черты русских, сказано немало. Так, Н. В. Гоголь писал, что характер народа напрямую зависит от вида земли. Историк и литератор Михаил Погодин (1800—1875 гг.) называл русский народ скитальцем и бродягой и отмечал как важную его особенность непривязанность к месту. Близок к географическому детерминизму в своих рассуждениях о русском национальном характере философ Николай Бердяев (1874—1948 гг.), автор сборника статей «Судьба России», книги «Истоки и смысл русского коммунизма» и других известных сочинений. Русский человек, по Бердяеву, это человек, который привык быть в пути, неприхотливый, привычный к отсутствию не только комфорта, но и элементарных удобств. Он внутренне не структурирован либо структурирован иначе, чем житель Запада. Приученный преодолевать громадные расстояния, он в особых отношениях со временем: не дорожит им, не экономит, не следует известному европейскому правилу «точность – вежливость королей». Отправляясь в дорогу, русский человек зачастую весьма приблизительно представлял, когда доберётся до места, а бывало и так, что и вообще был не уверен в том, что ему удастся это сделать. И в основе известной русской песни «Степь да степь кругом» (о гибели ямщика, который замёрз в глухой степи) лежит далеко не выдуманная история.

Итак, сама огромность, пугающая бесконечность, бескрайность российских пространств накладывает отпечаток на характер русского народа.

Многим известны крылатые слова Н. В. Гоголя: «Какой русский не любит быстрой езды?!» Эту заложенную в русского человека любовь к скорости также правомерно увязывать со стремлением и преодолевать пространства, и ощущать безграничный простор.

Н. А. Бердяев склонялся к мысли, что сущность России определяет её антиномичность

> **Точность – вежливость королей** – крылатое выражение. Приписывается французскому королю Людовику XVIII (1755—1824 гг.). Обычно употребляется в смысле: быть точным, не опаздывать – поступать по-королевски. Полная версия фразы имеет другое значение: Точность – вежливость королей, но и обязанность для их подданных. То есть король вовсе не обязан быть точным (строго придерживаться распорядка дня, соблюдать часы приема и т. д.). Его точность – это только его любезность, знак внимания к кому-то, а отнюдь не обязательный атрибут королевского статуса. Выражение иногда встречается и в изменённом виде: Аккуратность – вежливость королей. 出自法国国王路易十八的名言，指像国王那样守时。

俄罗斯文化阅读

(т. е. внутренняя сложность, противоречивость, отсутствие закономерности). Антиномичность России, противоречивость русской души проистекают из истории и географии страны, из вечного борения в настоящем прошлого и будущего, из промежуточного положения между Востоком и Западом.

По главным этнорасовым признакам русские – типичные европейцы, в силу чего соседи по этой части света как бы механически рассчитывают найти в русском человеке примерно тот же менталитет и «джентльменский набор» бытового поведения, что у немцев, французов или англичан. Однако эти ожидания, как правило, не оправдываются, что приводит подчас к поспешным выводам и необоснованным претензиям. Так, один из побывавших недавно в России англичан высказал такое пристрастное мнение: «Проблема русских в том, что они белые. Если бы они были чёрные, жёлтые или коричневые, не было бы такой неверной интерпретации. Когда западные люди едут в Мексику, или Индию, или Турцию, их ничто не шокирует. Они знают, что они в Турции. Когда они едут в Россию, то их всё шокирует. Потому что они думают, что приехали в европейскую страну, где живут белые люди. А Европа кончается в Польше. Дальше начинается уже не Европа... Русские сами думают, что они белые, им к тому же это и вбивали в голову, и требуют соответствующего поведения. А этого поведения нельзя требовать. Потому что сама нация родилась не в Европе».

Подобный подход по меньшей мере крайне произволен и странен. Можно соглашаться и не соглашаться с упомянутым англичанином в отношении того, где кончается Европа: в Польше, как он считает, или за Уральскими горами, как явствует из школьной географии. Можно аргументированно оспорить и опровергнуть каждое из его утверждений. Но в связи с приведённой цитатой более существенно обратить внимание на другое: русским приписывается проблема, которой у них нет, но которая возникает у оказавшихся в России западноевропейцев. В данном случае своё индивидуальное восприятие один из иностранцев почему-то выдаёт за собственное мироощущение русских.

В действительности, русских весьма мало занимает вопрос об их европейской полноценности. Да и насколько уместна сама постановка этого вопроса, если 75% российской территории находится в Азии и только 25% – в Европе.

В российской общественной мысли, конечно, присутствуют европоцентристские ориентации и настроения, но вместе с тем не менее сильно и евразийство, т.е. признание важной роли азиатского фактора и трактовка России как Евразии, особого срединного материка между Азией и Европой и особого типа культуры.

Европоцентристские ориентации – западные философские направления, берущие ценности западной европейской цивилизации в качестве эталона мирового цивилизационного процесса. 欧洲中心论，西方哲学流派，把西方文明的价值观作为世界文明的标准。

Славянство – группа родственных по языку славянских народов, объединённых общностью происхождения (русские, белорусы, украинцы, болгары, поляки, чехи, черногорцы, сербы, хорваты, боснийцы и т. д.). 斯拉夫人，同属斯拉夫语族，主要分布在中欧、东欧和东南欧。分为三大支系：西斯拉夫人（包括波兰人、卢日支人、捷克人和斯洛伐克人），东斯拉夫人（包括俄罗斯人、乌克兰人和白俄罗斯人），南部斯拉夫人（包括保加利亚人、塞尔维亚人、克罗地亚人、斯洛文尼亚人、马其顿人）。他们在语言文字、风俗习惯、宗教信仰和体质特征都很相近，是古代斯拉夫人的后裔。

5. Этнический фактор в России вчера и сегодня

В русских и через русских как бы повторилась и преломилась судьба всего славянства. Сегодня трудно, да и невозможно доподлинно определить, кто же положил начало одной из самых многочисленных на нашей планете семье народов – славянской. И точно так же обстоит дело с русскими.

Интересно, что в пирамиде языков

Русский характер

русский находит много сходного не только со славянскими. Здесь нет ничего удивительного, если вспомнить, что древнеевропейские языки, как и индоиранские, вышли из лона общеиндоевропейского языка, на котором говорили когда-то общие предки и русских, и англичан, и иранцев, и индийцев, и армян, и греков.

По совпадениям и созвучиям на первый взгляд очень далёких друг от друга языков этнологи прослеживают, как шло расселение тех или иных народов.

В древнейшей истории славян столь много масштабных передвижений, не говоря о мелких перемещениях, что общая картина того, как, когда и где они оседали, пока не складывается и прослеживается лишь в отдельных чертах.

Как шло освоение российской части Евразии, тоже не вполне ясно. Установлено, что на этом огромном пространстве не раз соприкасались и смешивались многие племена и народности: жившие на Днепре поляне были генетически связаны с обитавшими в этих местах иноязычными этносами, скандинавская (норманнская) примесь была крайне незначительна, зато балты (родичи литовцев и латышей) с уграми и финнами ассимилировались со славянами очень активно. Через евразийские земли прошли не только известные, но и неведомые, уже забытые племена и народы и многие десятки неславянских этнических групп. В восточном славянстве растворились остатки живших здесь скифов, даков, сарматов, алан и некоторых тюркских племён. Это не было простое поглощение. Восточные славяне восприняли немало из того, что привнесли пришельцы. Так, ряд лингвистов считают, что слова «Бог», «хороший», «добрый», «собака» и другие – скифского происхождения.

Археологические раскопки в Новгороде позволили выяснить, что в числе древних жителей этой колыбели Руси были пруссы и чудь – переселенцы из Прибалтики.

Взаимодействие и объединение культур шло у восточных славян и с тюркскими народами, населявшими просторы Азии, – половцами, волжскими булгарами, монголами и прочими.

Россия – страна, где пересеклись такие мировые религии, как христианство и иудаизм, ислам и буддизм, получили распространение их ответвления и многочисленные конфессии. Выбор древних русичей в пользу православия в 988 г. в княжение Владимира Святославича не исключал существования других вероисповеданий. Населявшие Россию народы затронуло насильственное крещение, но всё же это не приняло столь жёсткий характер, как во многих других государствах христианского мира. Русь и Россия были широко известны веротерпимостью. Поэтому здесь находили приют и убежище не только братья-славяне с Балкан, гонимые турками, но и татары из Золотой Орды, не желавшие

Общеиндоевропейский язык – одна из крупнейших семей языков Евразии, постулированная как особая форма объединения языков по генетическим связям. В семью входят индийская группа, иранская группа, славянская группа, балтийская группа, германская группа, итальянская группа, кельтская группа, греческая группа, хеттско-лувийская группа, тохарская группа, армянский язык, албанский язык и др. 印欧语系，依谱系分类法分出的语系之一，分布在欧洲、亚洲等地。该语系包括：印度语族、伊朗语族、斯拉夫语族、波罗的语族、日耳曼语族、罗马语族、希腊语族、阿尔巴尼亚语族、亚美尼亚语族、赫梯语族、吐火罗语族等。

Скифы – древние ираноязычные племена, населявшие Северное Причерноморье в VII в. до н. э.—III в. н. э. 西徐利亚人，斯基泰人，公元前7世纪至公元3世纪居住在黑海北岸的操伊朗语的古老部落。

Даки – в древности северно-фракийские племена, расселявшиеся к Северу от Дуная (территория современной Румынии) до отрогов Карпат. 古代北色雷斯人，多瑙河以北至喀尔巴阡山一带的部族。

Сарматы – объединение кочевых ираноязычных скотоводческих племён (аланы, роксоланы, языги и др.). В VI—IV вв. до н. э. жили на территории от реки Тобол до Волги и Дуная. 萨尔马特人，古代北高加索和伏尔加河流域草原的游牧民族。

Аланы – ираноязычные племена сарматского происхождения. Первоначально аланы обитали на Кавказе, впоследствии расселились к северу до Дона. 萨尔马特民族的伊朗语部族，起初居住在高加索，后散居在顿河以北。

принимать насаждавшееся с 1313 г. сверху мусульманство. Показательно, что среди русской знати было изрядное число иностранцев и с Запада, и с Востока, которых различали по религиозной принадлежности и именовали латинами и басурманами. Например, у одной из наиболее громких русских аристократических фамилий – князей Юсуповых были татарские корни, а предки великого писателя Ивана Бунина, дворянская родословная которого восходила к XV в., выехали из Литвы.

Российская империя имела в своём составе более ста народов и национальностей, которые за рубежом были известны как русские.

В Советском Союзе, почти столь же многонациональном, как и царская Россия, была сделана попытка искусственно и ускоренно «породнить» народы, населяющие страну. Власть видела в воспитании нового человека залог создания единого советского народа, который должен был иметь единую по содержанию и многонациональную по форме социалистическую интернациональную культуру. Взрыв национализма в последнее десятилетие XX в., произошедший после развала СССР на территории России и других бывших советских республик, показал, что намеченная цель не была достигнута. Однако в восприятии многих иностранцев почти все жители бывшего СССР остаются русскими. В Израиле, например, евреев-эмигрантов и даже политическую партию, поддерживаемую многими из них, называют русскими. На Западе людей с восточным обликом, занимающихся криминальным бизнесом, пресса запросто величает русской мафией, поскольку они выходцы из СССР или приехали из южного региона России. А экс-президент Б. Ельцин в официальных обращениях к соотечественникам обычно употреблял этнически ёмкий термин «россияне».

В XXI в. принадлежность человека к русским – это вопрос, который переходит из этнической и генетической плоскости в социокультурную, ибо в такой многонациональной стране, как Россия, где масса смешанных браков, выбор национальности, вопреки воле иных политиков, обусловлен прежде всего складом души, самосознанием, самоидентификацией, но отнюдь не особенностями наружности, «чистотой крови» или записью в паспорте. Поэт Роберт Рождественский (1932—1994 гг.) как будто на все времена сформулировал:

Для человека национальность –
и не заслуга, и не вина.
Если кто-то считает иначе –
значит, несчастная это страна.

Вопросы и задания

1. Какой, по-вашему, фактор может быть назван определяющим для формирования русского характера? Исторический, географический, религиозный...?
2. Какие характерные черты русского человека сформировались под влиянием православия?
3. Из чего исходит автор, рассматривая этнический фактор в России?
4. Отличаете ли вы русского от россиянина?
5. Что, по-вашему, достойно уважения в русских и что вам в них не нравится?
5. Какие поступки русских вы не можете объяснить, несмотря ни на что?
6. В чём вы видите различия современных католицизма, протестантизма и православия?

Парадоксы русской души

1. Особенности самооценки у русских

Знакомый американец как-то сказал мне, что видит одно из основных отличий между американцами и русскими в том, что первые умеют посмеяться над собой вместе с другими, не теряя при этом чувства собственного достоинства. Русские же, по его словам, или вообще не принимают смеха и шуток в свой адрес, расценивая их как повод для обиды, оскорбление, или же охотно и с удовольствием смеются и даже издеваются над другими русскими, как бы дистанцируясь от них и показывая тем самым: я-то не такой.

Возможно, со стороны виднее, и иностранцу легче заметить в русских то, что не бросается в глаза им самим, к чему они привыкли и воспринимают как должное. И всё-таки в нескончаемых спорах с американцем я, как мне кажется, убедил его в том, что русские умеют посмотреть на себя со стороны и хорошо знают свои слабости и недостатки. Достаточно в качестве примера привести концерты популярного писателя-сатирика Михаила Задорнова, рассказы которого главным образом посвящены отнюдь не лучшим чертам русского человека. Но «тайны» русской души, которые раскрывает Задорнов, сопровождаются таким весёлым, по-детски непосредственным смехом, что становится ясно: кризис в стране – это ещё не кризис нации. Раз это не смех сквозь слёзы и люди не потеряли способность с юмором воспринимать свои проблемы, не утратили оптимизм, значит, не всё потеряно и запас прочности у русского человека по-прежнему велик.

В репертуаре Михаила Задорнова есть монолог «Мы». По существу это шаржированный словесный портрет русского человека, и многие противоречия национального характера схвачены писателем удивительно верно, о чём свидетельствуют приводимые ниже фрагменты.

«Мы удивительные люди! Хотим жить, как все, при этом быть непохожими на остальных. У нас безработица при нехватке рабочих рук. Мы сочувствуем умом, а голосуем сердцем. Робкие в быту, зато всегда герои на войне. Чтим погибших, недоплачиваем выжившим.

Мы всегда считаем себя умнее других, поэтому постоянно оказываемся в дураках. Мы в любой момент готовы простить тех, кого обидели, и тех, кому должны.

Ленивые, но энергичные. Устаём на отдыхе – отдыхаем на работе. Нам легче изобрести вездеход, чем отремонтировать дороги.

Мы уважаем только тех, кто с нами согласен. Порой от драки мы получаем больше удовольствия, чем от секса. *Плачем на свадьбах, а на поминках поём частушки*. Мы нищие, но хорошо одетые. Только мы с утра выходим из дома в вечернем.

Мы суетливы, но терпеливы. Никто, кроме нас, не может так долго терпеть правительство, которое он терпеть не может.

Плакать на свадьбах, а на поминках петь частушки – на русских свадьбах издавна было принято перед венчанием оплакивать невесту. Ведь замужество означало конец её вольной жизни с родителями, теперь она должна тяжело работать, быть во всём покорной мужу. Она больше не могла беззаботно веселиться с подругами. А на поминках по только что умершему человеку близкие люди вспоминают его добрыми словами, пьют «за упокой его души», рассказывают случаи из его жизни. Русские люди верят, что это не только гарантирует умершему путь в рай, но и помогает родным и близким облегчить горечь утраты. Часто поминки заканчиваются совместным пением. 自古以来，按照俄罗斯人的传统，新娘婚前应该哭别双亲，因为出嫁意味着与伙伴们快乐时光的结束，意味着婚后依顺丈夫、辛勤劳作的日子的开始；而在悼念死者的酬客宴上亲朋好友追忆逝者的往事、唱安魂曲，既是为了送逝者上天堂，也是为了减轻亲人的悲伤。

Мы ненавидим Запад, во всём ему подражая...

Мы чтим Иисуса, забывая, чему он нас учил. Ставя свечку, умоляем о процентах. Верим обрядам, а не проповедям. Мы верующие и суеверные одновременно...

Мы язычники с православным лоском...

Свои самые сильные чувства, вплоть до любви, мы выражаем самыми нецензурными словами...

Мы непредсказуемые люди! У нас любовь – с синяками, а добро – с кулаками. Мы гордимся выпитым и тем, что у нас самые сильные женщины...

Мы хвалим друг друга несовместимыми словами «страшно красив», «ужасно умён» и др.

Но самое главное – мы живём, не замечая всего этого».

Когда человек относится к себе с юмором, шутит сам над собой, его недостатки уже не так заметны, не так резко бросаются в глаза. Когда же человек относится к себе слишком серьёзно, тогда и недостатки приобретают больший масштаб, встают во весь рост.

Русские никогда не переставали смеяться сами над собой. Но русский смех отличает затаённая печаль или горькая ирония. И ещё особенность русского смеха в том, что русский человек чаще всего узнаёт в смеховом объекте не себя, а кого-то другого: соседа, знакомого, родственника, сослуживца и т.п.

Когда речь заходит о достоинствах русских, чаще всего в первую очередь называют их доброту, религиозность, трудолюбие, милосердие, широту натуры, мужество, смелость, стойкость, открытость, отзывчивость, свободолюбие, обострённое чувство правды и справедливости, восприимчивость к красоте и ко всему прекрасному, великодушие, доброжелательность. Этим перечень положительных качеств русского человека далеко не исчерпывается, и читатель без труда пополнит его, исходя из собственных представлений и знания предмета.

Однако важно не просто перечислить те традиционно повторяемые позитивные черты и характерные особенности менталитета русских, а обратить внимание на то, в чём состоит национальное своеобразие этих качеств. Ведь они – не исключительное национальное достояние только русских. Они присущи и другим народам и этносам. У русских они имеют свою специфику, свою концентрацию, свою окраску.

По мысли Ф. М. Достоевского, всё лучшее в русском народе сосредоточено и воплощено в русской женщине. «...Да здравствует русская женщина! – восклицает Достоевский, – и нет ничего лучше её безгранично преданной любви на нашем русском свете».

Русская женщина – действительно настоящее национальное достояние. Не оттого ли в зарубежных и российских газетах брачных объявлений русские девушки и женщины пользуются столь высоким спросом у иностранных

Умолять о процентах – здесь автор высмеивает желание с помощью Бога разбогатеть, ведь истинное православие осуждает любое стремление к богатству, наживе, а потому просить Бога о помощи в финансовых делах нельзя. 祈祷上帝保佑发财。

Любовь с синяками – это выражение можно считать перефразированием поговорки «Бьёт – значит любит». В традиционном патриархальном представлении русского народа любящий муж должен «учить» свою жену кулаками, т. е. бить. Ведь даже в Святом Писании сказано: «Да убоится жена мужа своего» и «Не любит тот отец своего сына, который его не бьёт».按照俄罗斯传统父权制的观念，丈夫对妻子就应该用拳头教导她，打是爱的体现。

Добро с кулаками (от популярной поговорки «Добро должно быть с кулаками») – добро должно уметь себя защитить от зла, т. е. хороший человек должен уметь драться, чтобы защитить свою правоту. 指好人应该善于用拳头捍卫正义、对付邪恶。

Гордиться выпитым – очень часто можно услышать от российских мужчин хвастливые рассказы об огромном количестве выпитого накануне спиртного. И это часто не считается зазорным. 以能喝酒为荣。

Встать во весь рост – стать очевидным, всем заметным. 显而易见。

женихов? На эту тему есть сатирическое стихотворение В. Константинова и Б. Рацера «Русские жёны».

> Жёны русские нынче в цене,
> Посходила с ума заграница –
> Нынче чуть ли не в каждой стране
> Стало модно на русских жениться.
> Что причиной тому? Красота?
> Да, тут спорить, пожалуй, не стоит,
> Но и прочих не менее ста
> Есть у русской невесты достоинств.
> Мистер Хорт, не делец, не банкир,
> Просто мойщик посуды в Бостоне,
> Приезжал к нам бороться за мир
> И попутно женился на Тоне.
> И, поверьте, буквально в момент
> Наша Тоня Бостон поразила:
> На питание тратила цент,
> А стирала сама – и без мыла!
> Чай без сахара Тоня пила
> И к тому ж, посетив магазины,
> По привычке продукты несла
> В двух авоськах своих, без машины.
> Ни мехов никаких, ни обнов,
> Ни колье не просила у Хорта –
> Из его же протёртых штанов
> Дочке юбку пошила и шорты.
> При такой работящей жене,
> При такой экономной и скромной
> Бывший мойщик теперь на коне –
> Ресторан он имеет огромный.
> Он по праву вошёл в каталог
> Богатейших фамилий в Бостоне
> И спокойно плюёт в потолок...
> Кстати, тоже побеленный Тоней.

На коне – в старые времена войны велись, в основном, верхом на лошадях. Отсюда и происходит выражение «быть на коне». Удержаться в седле, не упасть с коня означает стать победителем. И наоборот, «оказаться под конём» значит упасть с коня, т. е. проиграть бой или даже погибнуть. 骑在马上，〈转〉觉得自己是胜利者。

2. Сила и слабость русского характера

Видный философ, автор великолепной книги «Характер русского народа» Николай Лосский (1870 — 1965 гг.) считал главным сокровищем русской души доброту. Своеобразие доброты русских он видел в том, что она поддерживается и углубляется исканием абсолютного добра и связанною с нею религиозностью. Относя доброту к числу первичных и основных свойств русского народа, Лосский с удовлетворением констатировал, что эту ценность не искоренил даже весьма жёсткий режим советской власти. Так, он приводит свидетельства немцев, попавших во время Второй мировой войны в советский плен, об удивительном отношении к ним русских: «Все рабочие, а особенно женщины, относились к нам как к несчастным, нуждающимся в помощи и покровительстве. Иногда женщины забирали нашу одежду, наше бельё и возвращали всё это выглаженным, выстиранным, починённым. Самое удивительное было то, что сами русские жили в чудовищной нужде, которая должна была бы убивать в них желание помогать нам, их вчерашним врагам».

Говоря о проявлениях доброты, милосердия, отзывчивости русских, нельзя не отметить, что они – результат естественных побуждений и благородных порывов души. Приходя на помощь ближнему, русский человек не стремится извлечь из этого какую-то выгоду, не рассчитывает на компенсацию и дивиденды. Напротив, нередко он действует даже в ущерб себе.

Сострадательность, сердечность, жалостливость порой делают жизнь иного человека, с точки зрения стороннего наблюдателя, невыносимой, но он всё равно останется верен себе и не только не оставит в беде страждущего, но и сам разделит с ним его беду. Так, если на Западе даже самые близкие люди отворачиваются от алкоголика или наркомана, предоставляя его собственной судьбе, то в России жертва такого пагубного влечения сможет найти и сочувствие, и понимание, хотя человек, пришедший к нему на помощь и взваливший себе на плечи его проблемы, при этом сам рискует погубить собственную жизнь. Конечно, есть и противоположные примеры. Но в большинстве случаев глухота к чужому горю, к несчастью другого человека русским не свойственна.

Может создаться обманчивое впечатление, что у русских есть претензия считать себя избранным народом, безгрешно живущим по заповедям Христовым.

На самом деле никакой монополии на добродетели, высокую мораль и праведную жизнь русский народ себе не присваивает, ибо он, пожалуй, в равной мере – сосуд и добра, и зла и совмещает в себе качества, которые, как отметил Бердяев, могут внушать и сильную любовь, и сильную ненависть. К примеру, доброжелательность и отзывчивость русского человека странно совместима у некоторых с лютой завистью. Спеша помочь приятелю или соседу в горе и беде, он испытывает жгучую неприязнь к тому же приятелю или соседу, если в его дом заглянула удача, если тот перестал жить в бедности и нужде, а обзавёлся хорошими, добротными вещами, престижным дорогим автомобилем и т.д.

3. Что в самовыражении русских удивляет жителей других стран?

Русские никогда не делали тайны из своих недостатков и даже открыто спорили о том, какие из них главные и какие второстепенные. Мало того, может быть, как ни один другой народ, они не только остро и точно подмечают, осознают и фиксируют свои не лучшие черты и слабости, но и беспощадно и безжалостно выставляют их на всеобщее обозрение в своём фольклоре, в литературе и искусстве.

Писатель Михаил Салтыков-Щедрин (1826—1889 гг.), в книгах которого нашли отражение типичные русские нравы, считал неприятной национальной чертой русского человека то, что он вечно чем-то недоволен, всегда на что-то жалуется, кем-то обижен. Антон Чехов (1860—1904 гг.) отмечал неумение русского человека довести дело до логического конца, акцентировал внимание на его непрактичности, в подтверждение чего приводил свойственную русским привычку тратить последние деньги на абсолютно ненужные вещи, когда не удовлетворены насущные потребности. Писал Чехов и о том, что русский человек любит вспоминать, но не жить. Для него характерно жить не настоящим, а только прошлым или будущим. Оглядываясь назад, он ищет там нравственное утешение, черпает вдохновение и стимулы для жизнедеятельности, а устремляясь в мечтах в будущее, преисполняется надеждой, что всё ещё впереди. Романтизация того, что было, и неукротимая вера в светлое, хорошее будущее легко

Русский характер

превращаются в настоящий культ и трансформируются в социальные утопии и мифы.

Постоянное учительство противоречиво сочетается в русских с глубокими сомнениями в правильности того, чему они учат и призывают.

На фоне организованных, дисциплинированных, пунктуальных и рационально-прагматичных западноевропейцев русские со своей доверчивостью, беспечностью, халатностью, необязательностью, безалаберностью, непредсказуемостью да ещё и с пагубным пристрастием к алкоголю воспринимаются за рубежом как народ несостоявшийся, неокультуренный, то впадающий в спячку, то в буйство, о чём уже много и не сегодня сказано.

На вопрос журналистов: «Какие черты вам нравятся в русском характере и какие вы принять не можете?» – британская кинозвезда Джулия Ормонд, снявшаяся в фильме Н. С. Михалкова «Сибирский цирюльник» и проведшая достаточно много времени в России, ответила так: «Мне вообще нравится русская натура – широкая, гостеприимная, любвеобильная. Эти качества есть у всех людей, с которыми я общалась в России... Ещё меня поразили в русских людях находчивость и приспособляемость. Русские умеют создавать что-то из ничего. На Западе люди привыкли решать свои проблемы только с помощью денег, вас выручает фантазия... Среди отрицательных черт русских людей я бы назвала неуважение к правам человека. Из-за этого ваша замечательная, огромная страна, которая может столько предложить миру, сама себя отбрасывает назад, в мрачные века».

Русских мужчин в том же интервью Джулия Ормонд охарактеризовала как страстных, горячих, фанатично относящихся к делу, а русских женщин – как очень сильных, волевых и в то ж время невероятно сексуальных.

Чтобы постичь диалектику русской души, необходимо исходить из того, что она соткана из противоречий, антитез. Положительные и отрицательные качества, полярно противоположные нравственные нормы, взаимоисключающие ценности непостижимо пересекаются и ведут в русском человеке и русском народе постоянный поединок, причудливо переплетаются и перетекают друг в друга, как в системе сообщающихся сосудов.

Огромный вред и урон наносят русским их неорганизованность, неумение и нежелание доводить до конца начатое дело, привычка полагаться не на себя, а на Божью волю, «доброго дядю», на случай и слепая уверенность, что при жизненных осложнениях всё со временем как-то само собой образуется, рассосётся, утрясётся, наладится.

Русским нередко свойствен фатализм, пассивное ожидание, какая карта выпадет, что победит – добро или зло. Готовность легко полагаться на провидение и без всякой нужды подвергать риску жизнь хорошо известна по так называемой русской рулетке: в барабан револьвера вставляются один-два боевых патрона,

---

Учительство – пребывание в положении учителя, вождя, духовного лидера, проповедника идей. 处在导师、精神领袖、思想的布道者的位置上。

Несостоявшийся – неполноценный, не оправдавший возлагавшихся надежд. 不合格的。

Неокультуренный – не получивший культурного воспитания, неразвитый. 没有教化的、不发达的。

Полагаться на доброго дядю – нежелание принимать самостоятельные решения, пассивное ожидание, что кто-то другой (какой-нибудь добрый человек, «добрый дядя») всё сделает. 消极等待,守株待兔。

Какая карта выпадет, что победит - добро или зло – нежелание принимать самостоятельное решение, пассивная надежда на судьбу. 不愿意采取积极主动的措施,被动地指望好运的降临。

Русская рулетка – экстремальная азартная игра. По стандартным правилам игры, в барабан револьвера заряжается один патрон, после чего барабан несколько раз проворачивается так, чтобы игроки не знали, где располагается единственный патрон. После этого игроки по очереди подносят дуло револьвера к собственной голове и нажимают на спусковой крючок. 一种极端冒险的游戏。先往手枪里装上一颗子弹,来回晃动手枪后,游戏者们轮流将手枪抵住自己的头,按下扳机钩,谁也不清楚,枪里唯一的那颗子弹会置哪个游戏者于死地。

затем барабан прокручивается, после чего ствол оружия приставляется к виску и наудачу производится выстрел, который может закончиться и жизнью, и смертью.

Иностранцам в первые недели их пребывания в России бросается в глаза то, что русские упорно не следуют предписанным и установленным правилам: спешат перейти улицу на красный свет, в общественный транспорт входят через выход, а выходят через вход; в любой очереди одна часть граждан терпеливо и подолгу стоит, а другая норовит сразу попасть в число первых... Ещё более показательно поведение водителей на дорогах. Русский человек за рулём — это сюжет для специального психологического исследования. Порою создаётся впечатление, что иные автолюбители ни разу не открывали Правила дорожного движения, поскольку действуют они с точностью до наоборот. Нечто подобное можно наблюдать в Индии или в арабском мире.

Широту русской души хорошо иллюстрирует расхожее выражение: «Пить — так пить, гулять — так гулять, любить — так королев!» Делу, за которое берётся, или празднику, который собирается праздновать, русский человек в самом деле отдаётся целиком, самозабвенно, с азартом, не зная меры, не щадя и не жалея себя, не в силах вовремя остановиться.

Самодисциплина, самоконтроль плохо уживаются с буйством и кипением страстей, свойственных русской натуре. Точно так же неистово и безудержно может зажечься русский человек какой-либо идеей или верой. Причём он будет готов яростно защищать эту идею и отстаивать эту веру, пойдёт во имя них на лишения, жертвы и даже на смерть, но, в свою очередь, будет непримиримо бороться с теми, кто не разделяет его убеждений, считая их своими заклятыми врагами. Максимализм, фанатизм, экстремизм не раз давали кровавые всходы в истории России. Может быть, в этой связи властям стоило бы в интересах стабильности не разрешать тоталитарные секты, а больше поддерживать доброжелательную и лояльную православную церковь?

Занося в актив русского народа какие-то положительные качества, приходится тут же занести в пассив отрицательные. Впрочем, это характерно не только для России.

4. Русские люди о самих себе

Более чем откровенно сам народ высказался о себе в своём фольклоре: пословицах, поговорках, сказках, анекдотах. В них отложились и сконденсировались многовековая народная мудрость, то хорошее и плохое, что есть в русском человеке. Однако и в фольклоре прослеживаются всё те же крайности. Так, пословицы учат, что «Добро век не забудется»; «Жизнь дана на добрые дела»; «Доброму Савве (Савва — мужское имя) добрая и слава», но вместе с тем и предостерегают: «От живого человека добра не жди, а от мёртвого подавно»; «Все люди ложь, и мы тож»; «Мир в суете, человек в грехах». То есть, провозглашая доброту безусловной ценностью в человеке и возводя эту нравственную категорию в ранг наивысших, поучительные народные изречения и афоризмы в то же время не скрывают, что «Ни одно доброе дело не остаётся безнаказанным», что за добро всегда приходится расплачиваться, что поскольку

Действовать с точностью до наоборот (разг.) — поступать абсолютно не так, как следует, вопреки требованиям. 违规行事。

Пить — так пить, гулять — так гулять, любить — так королев! — если русский человек берётся за выполнение любимого дела, то отдаёт себя этому делу целиком, делает всё с азартом, с самозабвением, не жалея сил. При этом он часто доходит до крайностей и не может вовремя остановиться. 指俄罗斯人爱憎分明、做事极端、不善于把握尺度的特点。

Жизнь дана на добрые дела — каждый человек на своём месте должен приносить пользу людям, обществу. 指每个人应该在自己的位置上做有益于社会和他人的事。

Доброму Савве добрая и слава — если человек добрый, честный и порядочный, то и люди будут о нём хорошо думать и отзываться. 指善良、诚实、本分的人会赢得人们的赞誉和怀念。

всяк человек грешен и лжив, добра от него не жди, а следовательно, «Не делай другому добра – тогда и зла не будет».

> Русский ни с мечом, ни с калачом не шутит – к любому делу русский человек относится очень серьёзно и ответственно. 指俄罗斯人对待任何事情都非常认真和负责任。

Мишенью русских пословиц чаще всего оказываются глупость, леность, невежество, жадность, зависть, которым противопоставляются ум или смекалка, трудолюбие, любовь к знаниям, к учению, бескорыстие, сочувствие, отзывчивость.

Национальный фольклор, пожалуй, больше критичен и нелицеприятен по отношению к русским, чем хвалебен и комплиментарен. Так, пословица «Русский ни с мечом, ни с калачом не шутит» отмечает, во-первых, то, что русский человек миролюбив и без нужды не возьмётся за оружие, а во-вторых, уважение к хлебу – одна из черт, представляющая русских в положительном свете. Среди пословиц преобладают такие, которые указывают на какие-то конкретные недостатки, как, например, «Русский человек задним умом крепок». Эта пословица фиксирует, что русскому человеку нужная мысль приходит в голову тогда, когда ею уже нельзя воспользоваться, то есть у него запоздалая умственная реакция на возникшую проблемную ситуацию. Сначала, долго не думая, он принимает неудачное, не в свою пользу решение, а оптимальный вариант находит, когда уже поздно. Зная за русским человеком эту досадную черту, народная мудрость в другой пословице предлагает ему: «Семь раз отмерь, один раз отрежь», то есть, другими словами, советует не делать что-либо опрометчиво, в спешке, не подумав, не поразмыслив и не взвесив всё как следует.

Ещё одна пословица – «Русские долго запрягают, но быстро едут» указывает на то, что русские долго к чему-то готовятся, медленно собираются, но затем действуют расторопно. Не такова ли и сама Россия? В то время как другие страны уже в пути, она только собирается в дорогу, но из отстающих очень скоро становится догоняющей.

В анекдотах русский человек неизменно оказывается победителем в тех критических случаях, когда требуются сила, смелость, выносливость, а также, когда нужно сделать невозможное. Он успешно преодолевает любые напасти и трудности, не имеет равных в употреблении крепких спиртных напитков, но совершенно не умеет опираться на собственный опыт, извлекать уроки жизни и потому неизменно повторяет одни и те же ошибки и постоянно попадает впросак. Поистине классическим стал анекдот, соль которого сводится к тому, что только русский Иван может несколько раз наступить на одни и те же грабли и, лишь набив себе синяки и шишки, впредь при приближении к этому орудию труда начинает соблюдать осторожность.

Коллективистская психология русского человека нашла отражение в пословицах, нацеливающих при решении вопроса, как поступить в том или ином сложном случае, обратиться к кому-то за советом, выслушать чужое мнение: «Ум хорошо, а два лучше»; «Одна голова хорошо, а две лучше». Привычка рассчитывать в трудную минуту на других людей вполне естественна. Согласно пословице «Сам погибай, а товарища выручай» русский человек готов рисковать жизнью ради друга или соседа и, следовательно, вправе ожидать, что к его беде, к его проблеме отнесутся с пониманием и сочувствием, помогут найти самый верный и лучший выход из положения.

5. Интерес Запада к русским

При таком очевидном несовершенстве русских они, по идее, не должны приниматься в расчёт более развитыми, культурными и цивилизованными народами. Почему же этого не происходит? В чём тут секрет? Интересное объяснение этому феномену дал крупный современный русский писатель Валентин Распутин. Пламенно, по-русски, всем сердцем любя Россию и свой народ, он далёк от идеализации русского человека и русского характера. По его мысли, неустроенность жизни в стране и большинство российских бед и проблем – результат того, что русские не рождены для материального порядка вещей, но и не утвердили духовный. Распутин не оспаривает того, что русский народ даёт много поводов себя не любить, ругать, критиковать, осуждать. «Но, – задаётся вопросом писатель, – если мы так порочны, так нравственно безобразны, настолько не годны для соседства и дружбы, отчего ж тогда десятки и сотни умнейших людей Европы искали утешение и видели надежду в России? Почему душу, хоть и загадочную, ищут здесь? Не потому ли, что, несмотря на все свои недостатки, отвечает русский человек главному замыслу вообще о человеке?». Возможно, именно через такое понимание, которое предлагает Распутин, и лежит путь к познанию русской души, её тайн и особенностей?

«Вы не представляете, как скучно здесь. В этом грязном, неуютном, покинутом Богом городе Нью-Йорке! – написал в популярный еженедельник «Аргументы и факты» бывший гражданин России, уехавший в поисках лучшей доли в США. – Все разговоры только о деньгах. А хочется поговорить о любви и о вечных ценностях. И не с кем. В России жить трудно, но интересно».

Вопросы и задания

1. Как вы думаете, умеют ли русские смеяться над собой?
2. В чём состоит главный смысл монолога Михаила Задорнова «Мы»?
3. Почему русских женщин считают настоящим национальным достоянием?
4. Какие русские женские характеры произвели на вас наибольшее впечатление? Почему?
5. Как автор иронизирует по поводу природной доброты русского человека?
6. Какие характерные черты свойственны русским, по мнению великого русского писателя А. Чехова?
7. Почему часто русские оставляют у жителей Запада впечатление неполноценного и неразвитого народа? Что западному человеку не нравится в русском характере?
8. Какие черты русского характера зафиксированы в русских пословицах?
9. Что является предметом насмешки в русских анекдотах?
10. Какая психология прослеживается в таких пословицах, как «Ум хорошо, а два лучше», «Сам погибай, а товарища выручай»? В чём вы видите исторический корень такой психологии?
11. Как русский писатель Валентин Распутин объясняет большой интерес на Западе к русским и России?

Прочитайте следующие два дополнительных текста. Первый вышел из-под пера профессора из США, а второй написан корреспондентом из Китая. Эти тексты позволят нам ещё раз посмотреть на Россию со стороны.

Будущее из трёх корней

Профессор Джеймс Биллингтон по праву входит в интеллектуальную элиту Америки. Последние 12 лет он занимает высокий пост директора Библиотеки Конгресса США. Пост этот является пожизненным...

Наш разговор шёл на русском языке. Проф. Биллингтон является признанным специалистом по истории российской культуры.

Россией я заинтересовался, ещё когда учился в школе. Шла вторая мировая война, и я задавался вопросом: почему, когда все европейские страны одна за другой падают к ногам Гитлера, Россия держится? Никто не мог ответить мне на этот вопрос – ни родители, ни учителя. Наконец я нашёл старую женщину – русскую эмигрантку. Она сказала: «Прочитай "Войну и мир" Льва Толстого. И ты всё поймешь...». Вы будете смеяться, но эта книга показалась мне слишком короткой – настолько она меня потрясла. Я бросился учить русский язык, и только для того, чтобы постичь то, что называется русской культурой.

Будущее произрастает из прошлого. Это аксиома, которую часто забывают. Будущее России произрастает из трёх корней. Первый корень – это христианская православославная культура. Именно она формировала русскую славянскую цивилизацию. Христианство играло в России даже большую роль, чем в Западной Европе, и, я думаю, так будет и в будущем.

Второй корень. Россия – это часть Европы. И здесь нет и не может быть даже предмета спора. Всё, что Россия брала от Европы, она не только великолепно усваивала, но и удивительнейшим образом развивала. Это относится и к духовной сфере, и к материальной. Поэтому для меня совершенно очевидно, что вопрос будущего России – это вопрос её взаимоотношений с Западной Европой и с Америкой, поскольку Америка сегодня является центром европейской цивилизации.

Третий корень – географическая среда. На национальный характер в стадии его формирования неизбежное влияние оказывает место проживания народа: север или юг, горы или равнина. Гигантские пространства России продолжают оказывать психологическое влияние на экономическое мышление. В советское время шло быстрое строительство городов и переселение туда сельских жителей. Их психология, однако, не могла перестроиться столь же быстро. Поэтому, я думаю, будет происходить процесс разукрупнения многих новых городов. Эти города уже разрушаются.

Таким образом, органическое слияние духовной культуры Запада с культурой православия и отношением к природе, которое продолжает оставаться в русском национальном характере, сохранится в базовой основе русской культуры. Это имеет значение не только для русских, но и для всего мира. Россия, по-видимому, будет играть важнейшую роль в деле преодоления конфликта между исламским миром и христианским, а также между Западом и Китаем, который тоже вполне вероятен. От того, сможем ли мы сохранить нормальные межэтнические отношения, зависит многое для всего мира. А для России ещё важно сохранить единство страны при продолжении процесса децентрализации власти. Но в любом случае США и Россия обязаны стать полномасштабными союзниками, потому что в следующем веке противостояние будет происходить не по линии Восток – Запад, а по линии Север – Юг.

俄罗斯文化阅读

Вопросы и задания

1. Разделяете ли вы мнение Профессора Джеймса Биллингтона относительно корней развития русской истории?
2. Как бы вы ответили на вопрос «Почему, когда все европейские страны одна за другой падают к ногам Гитлера, Россия держится»?
3. Как вы понимаете последнюю фразу данного теста?

10 признаков россиянина

Корреспондент китайской газеты «Гуанмин жибао» Ван Сяньцэюй работает в Москве в общей сложности больше десяти лет. В первый раз он приехал ещё в СССР в начале восемьдесят седьмого, и вот теперь та же вроде бы страна, но... немного не та, и люди не те.

Говоря о «загадочной русской душе», россияне обычно любят цитировать слова поэта Тютчева: «Умом Россию не понять, аршином общим не измерить: у ней особенная стать – в Россию Можно только верить». И действительно: понять её трудно, даже если живёшь в этой стране долго.

Причины этой непредсказуемости лежат в истории страны и особенностях её географии, здесь поистине гигантские размеры, даже после распада СССР. Другие факторы влияния – религия и культура. Из них и складываются особенности русского национального характера:

1. Мощный творческий потенциал. История цивилизации России, насчитывающая более 1300 лет, отмечена появлением множества высокоодарённых людей. Среди них учёные с энциклопедическими знаниями: Ломоносов, Менделеев, открывший периодический закон химических элементов, отец «ракеты» Циолковский, корифей литературы Толстой, замечательный композитор Чайковский и другие выдающиеся люди – своего рода сверкание звезд в Галактике. Это возбуждает у русских чувство превосходства и даже в какой-то мере – зазнайство.

Падение Константинополя – столица Византийской империи Константинополь в 1453 г. был захвачен турками-османами, что повлекло за собой уничтожение Восточной Римской империи и смерть последнего византийского императора Константина XI Драгаша. Победа дала туркам господство в восточном бассейне Средиземноморья. Город был переименован в Стамбул и оставался столицей Османской империи до её распада в 1922 г. 君士坦丁堡的沦陷。君士坦丁堡是拜占庭帝国的首都，1453年被土耳其——奥斯曼人占领后更名为伊斯坦布尔，并成为奥斯曼帝国的首都（1453—1922年）。

2. Мужество, стремление к победе. Их противниками были монголо-татары и турки, французы и немцы, шведы и японцы, и почти во всех войнах русские побеждали. Предки россиян завоевали для потомков огромную территорию. Но история последних лет показала, что, если кто-то не хочет жить с ними в одном государстве, как, например, Украина или Средняя Азия, Россия отпускает их «на волю».

3. Стремление к лидерству в мире. С 1453 г., после падения Константинополя, Москва пыталась

Русский характер

в качестве «Третьего Рима» играть ведущую роль в православии.

4. Небрежность в малых делах и собранность – в больших. В обычное время кажется, что русский излишне беспечен. Однако, когда решается судьба его страны, он безо всяких колебаний смело вступает в борьбу, проявляя бесстрашие. Эта нация имеет огромную силу внутреннего сцепления. До сих пор её не удалось сломить другим нациям, а сама она способна, кажется, одолеть любого врага.

5. Повышенная возбудимость, необдуманная поспешность в действиях. «И какой же русский не любит быстрой езды» – эту фразу Гоголя русские любят повторять, сидя за рулём. Россияне всегда чересчур спешат решить свои проблемы. Они не любят вести трудные, длительные переговоры, им по душе быстрое решение.

6. Однобокий способ мышления. Если они отрицают Сталина, то полностью. Если отрицают социализм, то не хотят видеть в нем ничего хорошего, всё только в мрачном свете, а ведь компартия во многом успешно руководила страной, и эпоха социализма длилась в России более 70 лет.

> «Третий Рим» – европейская идеологическая, религиозная и политическая идея, использовавшаяся для обоснования значения различных городов как религиозно-политического центра, ставшего преемником Рима. Согласно теории «Москва – Третий Рим, Россия – «богоизбранная» страна, а московские государи являются наследниками христианско-православной империи от византийских императоров, которые в свою очередь унаследовали её от римских. 第三罗马。公元4世纪,罗马帝国走向崩溃,其政治、经济、文化中心东移。公元330年,罗马皇帝君士坦丁一世把首都从罗马迁到拜占庭,并以他的名字命名为君士坦丁堡,历史上称它为"第二罗马"。拜占庭帝国灭亡后,罗斯很快成为世界东正教的一个中心。"莫斯科即第三罗马"的提法来源于普斯科夫修道院菲洛费伊修士致莫斯科大公瓦西里三世（1505—1533年在位）的一封信,信中说:"两个罗马先后衰落了,第三罗马（莫斯科）正屹立不动,第四罗马不会再有。"依照"莫斯科——第三罗马"的思想,俄罗斯民族是上帝优选的民族,拜占庭在作为第三罗马的俄罗斯领土上继续生存。
> Преклонение перед иностранщиной – слепое подражание всему иностранному. 崇洋媚外。
> Как кому заблагорассудится – поступать по своему желанию, не считаясь с мнением окружающих. 随心所欲、自行其事。

7. Любовь к крайностям и противоречивость – это, пожалуй, самые главные особенности характера русского человека. Представитель этой нации может восхитить своей образованностью и интеллектом, и он же может вызвать глубокое разочарование удивительной ленью, любовью к выпивке, беспечным отношением к своим обязанностям.

8. Чувство юмора. Не в их характере молча сидеть за едой. Встретятся два человека и сразу же начинают рассказывать анекдоты. Чувство юмора, присущее россиянам, возможно, связано с их романтическим характером, а также с высокой степенью образования и культурного воспитания. За последние годы жизнь русских стала достаточно трудной, но без юмора, говорят они, жизнь вообще теряет смысл.

9. Чувство собственного достоинства. Если даже по неосторожности его задеть, русский не даст себя в обиду. Этому народу в целом не свойственно преклонение перед иностранщиной, он не раболепствует. Это, несомненно, хорошее качество. Но временами чувство собственного достоинства превращается в слепую заносчивость, убеждение, что русским в мире уготована какая-то особая роль.

10. Освобождение от гнёта. После распада Советского Союза произошли резкие изменения и в характере россиянина. Собраться с силами и вновь начать готовиться к бою за могучее государство – это, может быть, их самое горячее желание. Признание своих ошибок, совершённых в прошлом, и их критика в большей степени способствовали самопознанию русских. Развитие рыночной экономики, завоевание свободы освободили их сознание от предрассудков. Не связанные идеологическими, но также и моральными принципами, они поступают теперь, как кому заблагорассудится.

俄罗斯人眼中的中国

Китай в глазах русских

Вместо предисловия

Мы движемся вместе по пути прогресса, и хотя в разные времена вперёд выходят разные народы, всё равно любое их достижение принадлежит человечеству, экипажу большого звездолёта Земля. Китай своей загадочностью и самобытностью издавна манил путешественников с Запада, начиная с Марко Поло (венецианский путешественник конца 13—начала 14 вв.) и Афанасия Никитина (русский путешественник 15 века).

О Китае написано множество самых разных книг, статей, очерков. Одни из них более достоверные, другие страдают домыслами и досужими стереотипами. Многие авторы этих книг и статей о Китае, как ни старались, так не смогли постигнуть глубину древней китайской мудрости и хоть немного приоткрыть завесу загадочности, окутывающую Китай в глазах людей с Запада.

А каким видят Китай наши современники из России? Ответить на этот вопрос вам поможет наш следующий раздел.

Когда страна смотрит в будущее

А. Конторович

*Директор Института геологии нефти и газа **СО РАН** академик Алексей Эмильевич Конторович только что вернулся после месячной командировки в Китай, где принимал участие в пятнадцатом Мировом нефтяном конгрессе, читал лекции в различных вузах и знакомился с работой предприятий дружественной страны. У него была возможность основательно познакомиться с опытом развития «красного» Китая, на который мы так любим ссылаться, но извлекать из него пользу для себя либо не хотим, либо не умеем. Заметки учёного как раз об этом опыте.*

СО РАН – Сибирское отделение Российской Академии наук. 俄罗斯科学院西伯利亚分院.

Некоторые впечатления и размышления

Экономика Китая на подъёме. Она развивается огромными темпами. Растут красавцы-города.

Всюду, где мы были – в Пекине, Циндао, Шанхае, Урумчи и даже в маленьком, по китайским меркам, городе Корла, – в огромных масштабах ведётся городское строительство, расширяются улицы, строятся современные дороги американского типа, развивается жилищное строительство. Особое впечатление оставляют «высотки». Во всех городах строятся здания высотой в 25—30—40 этажей – гостиницы, офисы, жилые дома. Важно, что при этом сохраняются черты китайского национального архитектурного стиля. В Пекине продолжается строительство метро, а в Шанхае пущена первая линия великолепной подземной железной дороги. Маленьких стареньких домишек ещё много, но сносятся они с удивительной быстротой. За 3—4 года города полностью меняют свой облик. В Корле шофёр с гордостью рассказал нам, что, когда он приехал работать в 1991 г., то это была большая деревня, а сегодня великолепный современный город. Я был во многих нефтяных центрах мира, но такого уютного городка нефтяников, как в Корле, видеть не приходилось. Убеждён, что уже сегодня Пекин, Циндао, Шанхай стоят в одном ряду с самыми красивыми городами мира. Через 5—10 лет они будут ещё краше.

Китай, как и Россия, – огромная страна, и транспорт имеет для него первостепенное значение. В Китае это понимают. В больших городах создаются прекрасные аэродромы, соответствующие лучшим мировым образцам, с просторными залами ожидания, с великолепным сервисом. В России я не знаю ни одного подобного аэропорта, включая Шереметьево-2. Китайская авиация оснащена современными самолётами. А как интенсивно здесь ведётся строительство современных высокоскоростных автомобильных дорог между городами.

Впечатляет китайская торговля. Построено много прекрасных магазинов, и они наполнены огромным количеством товаров лёгкой промышленности, мебелью, продуктами питания. Когда я впервые приехал в Китай в 1990 г., товаров было много, но их качество оставляло желать лучшего. Электроники и бытовой техники не было совсем. Теперь основная масса товаров высокого качества и много электроники и бытовой техники, как китайской, так и импортной. Если вспомнить, что китайскими товарами наполнены магазины всех стран мира, включая США, то в совокупности это показатель крепкого здоровья китайской экономики. Замечу, что политика «открытых дверей» проводится правительством Китая так, что при этом не подрываются основы национальной экономики и сохраняется конкурентоспособность китайских товаров на внутреннем и внешнем рынках.

Большое внимание уделяется в Китае науке. Это, несомненно, государственная политика. Финансируется наука в Китае очень щедро. Учёные, имеющие учёную степень и звание профессора, принадлежат к числу наиболее высокооплачиваемых в стране. Широко осуществляются научные контакты, многие молодые учёные по 1—2 года обучаются за границей – в США, России, Англии, Германии, Франции и других странах. Так, только нефтяной университет получает в год более 2 млн.

Корл – городок на Таримском нефтяном месторождении в автономном районе Синьцзян КНР. 库尔勒市，新疆巴音郭楞蒙古自治州的首府。
Высотки – высотные здания. 高楼大厦。
Шереметьево-2 – международный аэропорт Москвы. 舍列梅切沃2号，莫斯科的国际机场。

долларов на стажировку за границей молодых учёных и обучение аспирантов, магистрантов, студентов.

Многие китайцы очень переживают экономический кризис у нас в стране и потерю Россией того международного авторитета и веса, какой имел Советский Союз. Нам неоднократно говорили: мы верим, что ваша страна вернёт себе былое величие и славу, свою экономическую мощь.

> Вопрос «Кто кого?» — кто кого победит, чья будет победа. Речь идёт о соперничестве капиталистических стран и стран так называемого соцлагеря. 《谁战胜谁？》的问题，指社会主义阵营和资本主义阵营之间的胜负角逐。

Я испытывал чувство огромной гордости за уникальные возможности преобразования экономики в условиях социализма. В XXI в., я в этом убеждён, не США, а динамичный, с огромным населением Китай будет первой державой мира. 1,2 млрд. человек в Китае, более 20 % населения Земли, строят, и хорошо строят, своё социалистическое государство с китайской, как они говорят, спецификой. Вопрос «Кто кого?» не решён, пока существует и успешно развивается социалистический Китай. А то, что этот социализм во многом не похож на наш, советский, совершенно естественно. Китай учёл многое и положительное, и отрицательное в нашем опыте.

Я далёк от идеализации того, что происходит сегодня в Китае. В стране ещё множество проблем, в том числе нищета значительной части населения. В Китае острая демографическая ситуация. Бурное развитие экономики неизбежно создаст и уже создаёт в Китае энергетические проблемы. Это, я думаю, будет активизировать политическую и экономическую активность Китая на энергетических рынках. Всех проблем я не знаю и не чувствую. Наверное, в полной мере иностранцу понять Китай трудно, если вообще возможно. Но в одном я убеждён: Китай на верном пути, и большинство стран с удовлетворением воспринимает происходящие в стране огромные перемены к лучшему, гордится этими переменами.

Вопросы и задания

1. Каким академик Конторович увидел Китай через много лет после своего первого визита в страну? Что, по его мнению, изменилось?
2. Как вы думаете, что больше всего поразило академика Конторовича? Аргументируйте свою мысль.
3. Каким академик Конторович видит будущее Китая?
4. В чём академик Конторович видит основные проблемы Китая? Какие проблемы, по-вашему, он не сумел разглядеть?
5. Используя слова и выражения текста, докажите, что в XXI в. не США, а динамичный, с огромным населением Китай будет первой державой мира.

Китай: 20 лет и ни одного 17 августа

Всеволод Овчинников

I

Тринадцатимиллионный Шанхай – крупнейший город страны, где проживает каждый сотый китаец – вырос на левом, западном берегу реки Хуанпу, которая впадает в Янцзы неподалёку от её устья. Парадным фасадом Шанхая считалась изогнутая дугой набережная Вайтань – вереница многоэтажных зданий в стиле тяжеловесного модерна 30-х годов.

Там, где от набережной в глубь города отходит его главная торговая улица – Нанкин-Лу, высится отель «Катэй». В нём когда-то выступал Александр Вертинский, останавливался Рихард Зорге. Оба они наверняка не раз любовались панорамой города с террасы ресторана на верхнем этаже.

Некогда самая престижная гостиница сохранила прежний декор, сменив лишь вывеску. Теперь она называется «Хэпин» («Мир»). Но когда после ужина с вице-мэром Шанхая Чжоу Муяо мы вышли на плоскую крышу отеля, взорам открылась впечатляющая картина «нового Манхэттена», которую не могли видеть не только Вертинский и Зорге в 30-х годах, но и я сам, будучи в Шанхае всего десятилетие назад. На некогда пустынном восточном берегу вырос «Новый район Пудун» (что означает «к востоку от Хуанпу»).

В последнее время на западном побережье Тихого океана сложилась цепь городов, лидирующих в процессе глобализации бизнеса. Это Токио, Сеул, Шанхай, Гонгонг, Сингапур. Расположенный как раз посредине этой цепочки, Шанхай имеет шанс стать региональным центром деловых связей.

Но цель создания нового района Пудун имеет помимо внешнего ещё и внутренний

Всеволод Овчинников был корреспондентом «Правды» в КНР, Японии, Великобритании. В настоящее время он является обозревателем «Российской Газеты», ведущим специалистом по Востоку. 弗·奥弗钦尼科夫，原《真理报》记者，东方问题专家。

17 августа 1998 г. в России произошла девальвация рубля, вызванная финансовым кризисом в Азии. События 17 августа стали переломными для российской экономики. Ими закончился целый период новейшей истории – так называемый период псевдореформ. 1998年8月17日，俄罗斯卢布受亚洲金融危机的影响严重贬值。

Александр Вертинский (1889—1957 гг.) – великий русский актёр и певец. После Октябрьской революции эмигрировал за границу, где он много гастролировал. Последним местом эмиграции Вертинского стал Китай. В 1943 г. вернулся на Родину. 俄罗斯伟大的歌唱家，十月革命后曾侨居国外并巡回演出，中国是他侨居的最后一个国家。1943年他重返祖国。

Рихард Зорге (1898—1944 гг.) – легендарный советский разведчик. В первой половине 1930-х гг. работал в Шанхае. Зорге одним из первых сообщил о планах нападения Германии на Советский Союз и даже сообщил точную дату предполагаемого вторжения. В 1941 году он был арестован японской полицией, а в ноябре 1944 года казнён. В СССР о Зорге узнали только в 1964 году после посмертного присвоения ему звания Героя Советского Союза. 左尔格，一位具有传奇色彩的苏联间谍。1933年曾经在上海活动。他最早通报过德国即将入侵苏联的消息。1941年被日本警察抓获，1944年被处死。1964年他被追认为苏联英雄。

Манхэттен – центральная улица Нью-Йорка, считается финансовым сердцем США. 纽约曼哈顿，美国的金融中心。

аспект. Благодаря ему Шанхай будет «Головой дракона», или, проще говоря, локомотивом для экономического подъёма всего бассейна великой китайской реки Янцзы, где проживает две пятых населения страны. Именно Пудун должен стать связующим звеном между вырвавшимися вперёд восточными приморскими провинциями и всё ещё пребывающей в бедности и отсталости глубинкой.

Итак, что же сделано на правом берегу Хуанпу, напротив набережной Вайтань всего за последние восемь лет? Во-первых, построены два подвесных красавца моста, которые относятся к числу наиболее выдающихся инженерных сооружений подобного типа в мире. Под ними могут проходить океанские суда водоизмещением более 50 тыс. тонн (прежде через Хуанпу можно было перебраться только на пароме или лодке). Благодаря этим двум мостам замкнулась в кольцо скоростная эстакадная автострада, опоясывающая отныне как старую, так и новую часть города. Во-вторых, под Хуанпу прорыт тоннель для автотранспорта, рядом проложили вторую линию метро. В Пудуне есть свой международный аэропорт. Оборудованы глубоководные причалы.

Как раз напротив набережной Вайтань – символа полуколониального Шанхая – в небо взметнулась телевизионная башня «Жемчужина Востока» – первая по высоте в Азии и третья в мире. Именно у её подножия вырос «шанхайский Манхэттен» – более 140 ультрасовременных небоскрёбов.

Это – сердце Пудуна, финансово-торговая зона Луцзяцзюй. Именно финансовому бизнесу здесь отдаётся приоритет. Уже действуют 28 иностранных банков. Мы посетили Шанхайскую фондовую биржу. В её операционном зале на 1600 брокерских мест нет той суеты, которую я когда-то видел в лондонском Сити. Торги идут в электронном режиме. Котируются акции 440 китайских компаний. Ежедневный оборот ценных бумаг превышает полмиллиарда долларов.

Число предприятий с участием иностранного капитала в новом районе Пудун достигло 5400, а общая сумма инвестиций – 28 млрд. долларов. Причём этот потенциал уже действует. За восемь лет валовой внутренний продукт Пудуна увеличился в десять раз. Доля ВВП на каждого жителя Пудуна превышает 4000 долларов. А это рубеж, который Китай наметил для себя в качестве стратегической цели на 2050 г.

Пудун – не только воплощение нарастающего динамизма, но и испытательный полигон китайских реформ. И самой поучительной чертой для других стран, пожалуй, являются механизмы саморегуляции и самокоррекции. Китайские реформаторы руководствуются принципом: «переходить реку, нащупывая ногами камни», то есть осторожно продвигаться методом проб и ошибок, распространяя положительный опыт и своевременно отказываясь от начинаний, которые себя не оправдали.

Доныне актуальны слова Дэн Сяопина о том, что любые реформы целесообразны, только если они, во-первых, ведут к росту производства, во-вторых, повышают жизненный уровень народа и, в-третьих, умножают совокупную мощь страны.

Опыт первых четырёх специальных экономических зон (Шэньчжэнь, Чжухай, Шаньтоу, Сямынь), созданных в 1980 г. в непосредственной близости от Гонконга и Тайваня, существенно скорректирован в новом районе Пудун. Цель – ограничить «пенкоснимательный характер» экспортно-ориентированных производств, когда инвестор ввозит оборудование и технологии, а продукцию продаёт в третьих странах, наживаясь на дешевизне китайской рабочей силы. Пудун, во-первых, должен направить поток иностранных капиталов в глубь страны, на разработку природных ресурсов. Во-вторых, Пудун должен

> Пенкоснимательный – от «снимать пенки» – брать для себя лучшее, наживаться, использовать кого-либо или что-либо в своих корыстных интересах, не думая о возможных последствиях. 坐享其成.

послужить либерализации китайского финансового рынка. В-третьих, финансам, страхованию, торговле уделяется повышенное внимание.

II

Поездка делегации российских журналистов в провинцию Чжэцзян напомнила нам, что залогом успеха реформ в Китае стало то, что они начались не в городе, а на селе. Это позволило уже через два-три года досыта накормить народ, дать абсолютному большинству людей ощутить конкретную пользу от экономических преобразований, оживить малое предпринимательство – основу подъёма народного хозяйства в целом.

Переход от уравниловки народных коммун к семейному праву пользования землёй вызвал бурный всплеск трудовой активности крестьян. Через пять лет после начала реформ сбор зерна в стране вырос с 300 до 400 млн. тонн, то есть по 400 килограммов на душу населения.

При этом одно лишь полеводство не способно привести 900 млн. китайских крестьян к зажиточной жизни. Только малый бизнес, так называемые поселково-волостные предприятия, способен превратить главное богатство Китая – трудовые ресурсы – в реальные товары и услуги.

Поселково-волостные предприятия иногда называют «секретным оружием» китайских реформ. Этот наиболее динамичный сектор экономики без каких-либо государственных вложений даёт уже почти половину продукции страны и треть её экспорта.

Воочию убедился в этом в провинции Чжэцзян, которую называют «краем риса и рыбы», «родиной чая и шёлка». На её долю приходится всего 1 процент пахотных земель и 3,6 процента населения страны. А даёт Чжэцзян 6 процентов валового внутреннего продукта Китая. Столь высокая эффективность экономики этой традиционно полеводческой провинции объясняется тем, что поселково-волостные предприятия дают здесь 70 процентов всей промышленной продукции.

Мы посетили одну из таких местных фирм – фармацевтическую фабрику «Цинчуньбао» (что значит «Сокровище вечной молодости»). Здесь производят по старинным рецептам лекарства традиционной китайской медицины, прежде всего изобретённые ещё в средние века препараты, замедляющие процесс старения.

Двадцать лет назад, когда начинались реформы, 250 миллионов человек, то есть четверть населения Китая, находились в абсолютной бедности (то есть имели доход менее 50 долларов в год). Сейчас ниже этой черты остались лишь 50 млн. человек, а к началу XXI в. их не должно быть вовсе.

За два десятилетия реформ Китай увеличил свой валовой внутренний продукт в сопоставимых ценах в 5,6 раза, а личное потребление на душу населения – в 3,5 раза.

По совокупному экономическому потенциалу Китай вышел на седьмое место в мире после США, Японии, Германии, Франции, Италии, Англии. Он стал мировым лидером по выплавке стали, добыче угля, производству цемента, зерна, мяса, хлопка, занимает третье место по выпуску электроэнергии.

Немало поучительного содержит и политика в отношении государственных предприятий. Вместо их форсированной приватизации решено было сначала открыть страну для иностранных капиталовложений. Вот уже пять лет Китай занимает второе место в мире по прямым

> Сопоставимые цены – т.е. цены с учётом инфляционных процессов. 可比价格.

иностранным инвестициям. Они составили уже 258 млрд. долларов. На полутораста тысячах предприятий с участием иностранного капитала трудятся 18 миллионов человек. Эти фирмы не только обеспечивают почти половину внешнеторгового оборота, но и существенно пополняют государственный бюджет.

> **Динозавр** – (здесь) крупное старое нерентабельное предприятие. 指大型亏损国有企业。
>
> **Ворошить муравейник** – затрагивать острые проблемы, которые могут повлечь за собой непоправимые последствия. 动蚂蚁窝，指触及可能引发严重后果的尖锐问题。

Что же касается убыточных предприятий – «динозавров плановой экономики», то намечено сосредоточить силы на оздоровлении 500 самых крупных из них, на долю которых приходится 85 процентов продукции госсектора. Остальные же решено освободить от какой-либо опеки. Их перспектива – слияние, продажа или банкротство. Но ворошить муравейник, который обеспечивает работой и социальными услугами 100 миллионов семей, Пекин не спешит. Лозунг дня – правильное соотношение трёх факторов: реформы, развитие, стабильность. Реформы не должны мешать развитию, а совокупные последствия реформ и развития не должны подрывать стабильность. Инициаторы китайских реформ разработали и осуществили на практике модель перехода от плановой экономики к рыночной, наиболее отвечающую местным условиям. При этом удалось максимально снизить социальную цену этих преобразований, сохраняя действенные стимулы производительных сил.

Вопросы и задания

1. Опишите, как выглядит современный Шанхай. Что изменилось в облике города в последние годы? Приходилось ли вам бывать в Шанхае? Каким вы увидели этот город?
2. Найдите в тексте выражения, которые характеризуют район Пудун в Шанхае.
3. Какую роль отводят Шанхаю в экономике современного Китая?
4. В чём заключается основная цель создания района Пудун?
5. Что, по мнению автора, является залогом успеха реформ в Китае?
6. Какие мероприятия китайское правительство предпринимает в отношении убыточных госпредприятий?

Ветер с Востока

А. Крушинский

Среди великого множества разнородных и разномастных общественных организаций Китая имеется одно, весьма авторитетное сообщество. Оно по статусу и престижу своих членов превосходит любой из самых элитарных клубов Европы и Америки, формируемых по принципам богатства и знатности. Состоят в нём и глава государства, и глава правительства, и министр иностранных дел; мало кто из членов не обладает докторской степенью или профессорским званием. Речь идёт о Китайской ассоциации выпускников вузов Советского Союза и СНГ.

... 15 ноября, Пекин. Здание Народного политического консультативного совета Китая. Сбоку от убранного цветами фойе – просторное помещение с фотовыставкой. Почти на всех снимках – молодые лица, публика же в основном пожилая. «Смотрите – это я!» – седовласый человек показывает на юношу, запечатлённого на фоне Московского университета на Ленинских горах.

— Бывший министр лёгкой промышленности... «Китайский Королёв» – творец ракеты «Великий поход», – шепчет мне провожатый, отмечая проходящие мимо знаменитости.

— Сколько членов в вашей ассоциации? – спрашиваю я.

— Только в Пекине три тысячи. Всего же обучение либо стажировку в СССР прошли, включая военных, 15 тысяч человек.

В главном зале уже начался концерт. В нём наряду с любительским хором выступают известнейшие в стране звёзды – в большинстве своём также члены этой ассоциации. Потом показали кинофильм... На втором этаже – танцы. Начавшийся рано утром, этот большой слёт членов ассоциации советских выпускников завершился лишь с наступлением сумерек. Каков был его повод?

Событие, не отмеченное ни в каких календарях, но весьма памятное для многих членов ассоциации и крайне интересное для нас: 40-летие выступления Мао Цзэдуна в Москве перед китайскими студентами московских вузов.

Собравшиеся ветераны заново переживали радость своей тогдашней встречи с вождём, по-прежнему ими любимым, вопреки допущенным на склоне лет ошибкам. Они словно окунулись в атмосферу счастливых студенческих лет в Стране Советов, воссоздавали в памяти яркий праздник 40-летия Великого Октября.

— Вы были на той встрече? – спрашиваю профессора Ван Сюнлиня.

— Был. Нам, студентам, сообщили тогда из посольства, что в МГУ на Ленинских горах будет важный доклад. «Наверное, выступит председатель Мао», – догадались мы. Многие ждали с восьми утра, он приехал в шесть вечера.

> **Королёв С. П.** (1906/1907—1971 гг.) – советский учёный, конструктор, организатор производства ракетно-космической техники и ракетного оружия СССР, отец советской космонавтики. 科罗廖夫, 苏联宇航之父, 火箭和航天技术生产的设计者和组织者.

— Припомните, пожалуйста, какую-либо высказанную им тогда, особенно вас взволновавшую мысль.

— Мао Цзэдун тогда сказал, что молодёжь находится в расцвете сил, подобно солнцу в

| Проиграть – (здесь) представить в основных чертах. 概括地阐述. |

восемь-девять часов утра. И что на неё, молодёжь, вся надежда.

Походив ещё по выставке, спрашиваю другого пожилого китайца:
— Что в выступлении Мао Цзэдуна вам особенно запомнилось?
— Его слова, что будущее принадлежит молодёжи.

Словно бы заранее сговорившись, разные люди приводили одно и то же высказывание. Верное, но весьма банальное, а ведь данная речь действительно была яркой. Поддавшись обаянию восприимчивой, излучавшей энтузиазм молодёжной аудитории, великий китайский вождь был в тот вечер не просто красноречив; вольно или невольно он проиграл ряд ещё только вызревавших у него идей. Один из восторженно воспринятых студентами лозунгов Мао Цзэдун воспроизвёл днём позже, уже в официальной речи перед официальной аудиторией – участниками Международного совещания коммунистических и рабочих партий: «Ветер с Востока одолевает ветер с Запада».

Мао Цзэдун был высокообразованным человеком и сам писал стихи. Свою мысль он сформулировал перед студентами с большим изяществом. Отправной точкой ему послужил старинный китайский роман «Сон в красном тереме». Его героине принадлежали слова: «Если ветер с Востока не будет одолевать ветер с Запада, то ветер с Запада одолеет ветер с Востока».

Процитировав их, Мао Цзэдун сказал студентам: «Сейчас восточный ветер, говоря в целом, одолевает западный ветер. Советский Союз запустил в космос первый искусственный спутник Земли весом в 70 килограммов». Для этой речи требовалась именно такая аудитория, и произнесена она могла быть только в то конкретное время и в том конкретном месте: в ноябре 1957 года в Москве.

Мао Цзэдун в свои тогдашние 64 года выглядел безукоризненным, крепким, знающим себе цену лидером. Бросалась, однако, в глаза некоторая настороженность, особенно в первые моменты пребывания на советской земле. И неудивительно: позади был XX съезд КПСС, развенчавший Сталина. Это вызвало в Китае у многих явное несогласие. Однако тогда, в 1957-м, Мао, судя по всему, был преисполнен решимости уберечь единство соцлагеря.

Мао Цзэдун призвал китайских студентов крепить дружбу с советскими сверстниками, заявил, что соцлагерь, «подобно человеку, имеет свою голову. Эта голова – СССР». А «головой» СССР был Хрущёв, с которым у Мао априори была антипатия...

Операторы хорошо передали атмосферу праздника 40-летия Великого Октября: Москва в море красных знамён, ракеты и прочая могучая техника на военном параде, просветлённые лица уверенных в завтрашнем дне советских людей и завидующих им зарубежных союзников со всех концов света. В заключение целиком прозвучала песня Мурадели «Москва – Пекин», под звуки которой передавались кадры обеих братских столиц. Апофеоз!

Но уже пролегла невидимая трещина геополитического разлома. До этого момента социализм, национально-освободительное движение поступательно набирали мощь, наводя ужас на мир капитала. Теперь же колесо истории словно заклинило, и... оно стало набирать обороты в противоположном направлении.

На исходе XX века исчезло его главное завоевание – социалистическое содружество. Китай, Вьетнам, Куба, КНДР – осколки его, не связанные между собой никакими узами, кроме обычных дипломатических и торговых отношений. На Китай ныне принято смотреть как на единственную надежду социализма. Он стал неизмеримо сильней: сам теперь имеет на вооружении мощные ракеты и атомные бомбы, сам запускает в космос спутники; темпы его развития сейчас самые высокие в мире. «Ветер с Востока» (под которым Мао Цзэдун, напомню, подразумевал социалистические веяния) вроде бы ещё витает над миром. И если сформулированные в Германии идеи научного коммунизма впервые стали применяться не на германской, а на российской земле, то почему бы идеям Великого Октября не воплощаться сегодня в жизнь не в России, а в Китае?

Многие из участников той памятной московской встречи по-прежнему верят, что ветер с Востока одолеет в конечном счёте западные ветры.

Вопросы и задания

1. Какое событие стало причиной приезда Мао Цзэдуна в Москву в ноябре 1957 г.?
2. Чем запомнилась участникам московская встреча Мао Цзэдуна с китайскими студентами в ноябре 1957 г.?
3. Какой лозунг выдвинул лидер КНР в своей речи перед участниками Международного совещания коммунистических и рабочих партий? Что послужило отправной точкой для этого лозунга?
4. Что было причиной разногласий лидеров Китая и СССР в конце 50-х годов XX века? Почему Мао Цзэдун в то время открыто не высказывал своего несогласия с политикой Никиты Хрущёва?
5. Опишите атмосферу праздника 40-летия Великого Октября.
6. Какой смысл передаётся в заголовке данной статьи? Согласны ли вы с мнением, что на Китай сейчас принято смотреть как на единственную надежду социализма?

俄罗斯文化阅读

В Китае – два кумира: Павка Корчагин и Билл Гейтс

А. Седов

Чему мы можем поучиться у соседней страны, которая уже наступает на пятки Америке? Китайское кино, как и экономика, сейчас на подъёме – на международных фестивалях фильмы из этой страны часто оказываются в числе призёров. А вот в самом Китае народным хитом стал сериал «Как закалялась сталь».

Идея вернуться к революционной советской классике возникла в партийном комитете Шэньчжэня – одного из наиболее экономически развитых городов Китая. Снимали сериал на Украине, и играют в нём украинские актёры. После премьеры в прессе развернулась широкая дискуссия: кто сегодня тот герой, с которого надо брать пример молодёжи, – Павка Корчагин или Билл Гейтс? Мнения разделились поровну. Итог спорам был подведён очень мудро. В стране, строящей по заветам Дэн Сяопина «социализм с китайской спецификой», сейчас надо жить с силой духа революционера Корчагина и умом миллиардера Гейтса.

«Социализм – это не бедность»

Так говорил «отец» экономических реформ в Китае Дэн Сяопин. Его преемник, нынешний председатель КНР Цзян Цзэминь неуклонно проводит в жизнь линию своего учителя. Вот что он рассказал группе российских журналистов.

«В чём залог нашего успеха?» – задал сам себе вопрос председатель. – Во-первых, теория Дэн Сяопина о строительстве социализма с китайской спецификой. Во-вторых, стабильность социальной и политической жизни в стране».

Особая забота руководителя Китая – продовольствие. «С самого детства я знаю, что основа основ – питание, – делился с нами Цзян Цзэминь. – Китай – страна с населением 1,3 миллиарда человек, и если у нас что-то неладно с сельским хозяйством, то нам никто не сможет помочь... Я пришёл к выводу, что сельское хозяйство намного сложнее промышленности».

Партия руководит, но не вмешивается

А вот какую формулу привлечения иностранного капитала дал нам мэр Шанхая Сюй Куанди: модернизированная инфраструктура; стабильность и предсказуемость, уверенность в том, что в стране не будет хаоса и смены власти; льготы для инвесторов. Реформы идут в Китае 23-й год – срок достаточный, чтобы убедиться в решимости руководства страны строить экономику. Что касается льгот, то в особых экономических районах нового освоения – они являются «опорными точками» для подъёма всей экономики страны – для иностранного капитала ставка налога на прибыль составляет всего 15 процентов (в Китае она – 33 процента). Причём первые два года инвестор вообще не платит этот налог, а ещё три года платит лишь половину льготной ставки. И всё равно страна получает только в виде налогов с иностранного капитала 12 миллиардов долларов в год. Поэтому-то новые производства и небоскрёбы растут как грибы после дождя.

А как же руководящая роль партии? Она, заверяют китайцы, ничуть не ослабла. Партия определяет перспективы развития. А как претворить их в жизнь – решают на местах. Не ослабла и роль отдельного партийца как передовика производства. На иностранных и смешанных предприятиях партячейки действуют под видом профкомов, что для хозяев вовсе не секрет. Вот что рассказал нам мэр Шанхая:

– Недавно ко мне обратился управляющий одной бельгийской компании и попросил прислать на производство более деятельного партсекретаря! Такую же просьбу мне высказали и на заводе «Фольксваген» – западные менеджеры прекрасно знают: лучше других работают коммунисты!

Правда, и коммунисты в Китае нынче другие. Вместо цитатников Мао многие из них сейчас не выпускают из рук «мобилу». Они прагматики, для которых материальное благополучие стало партийной установкой.

– Что мы строим? Процветающую экономику, – ответил мне преподаватель одного из вузов, разумеется, коммунист. – А как это назвать – какая разница!

Среди появившихся в стране миллионеров есть и коммунисты. Но ответработникам заниматься бизнесом категорически запрещено, а их дети не могут вести дела на подведомственной папе территории. Все чиновники – до начальника отдела включительно – дважды в год должны отчитываться о своих доходах. Им даже запрещено брать в аренду землю и недвижимость и участвовать в коммерческих переговорах. И всё же гидра коррупции проникла в партийные ряды. В последнее время были уличены во взятках и злоупотреблении служебным положением заместитель председателя Всекитайского собрания народных представителей, несколько замминистров и вицегубернаторов. Коррупционеров расстреляли.

Русский с китайцем – соседи навек

Китайская экономика – одна из наиболее динамично развивающихся в мире. По прикидкам специалистов, лет через двадцать она потеснит и американскую. Пекин торгует с Вашингтоном на 115 миллиардов долларов в год. С Москвой – всего на 8 миллиардов (плюс «челночная» торговля даёт ещё 5—8 миллиардов). В Штатах сейчас обучаются 250 тысяч китайцев, а в России – 4,5 тысячи.

Но есть ещё «угроза» китайской экспансии в Приморье и Восточную Сибирь, о которой некоторые политики России говорят на полном серьёзе. Действительно ли она существует? Вот какие выкладки даёт известный специалист по Китаю Всеволод Овчинников. У нас сейчас проживает 280 тысяч китайцев, а в США – 13 миллионов. Если принять во внимание пропорцию, существующую в Америке между всем населением и его «китайской составляющей», то нам без всяких опасений можно принять до 7 миллионов человек из соседней страны. Но надо делать это с умом: разрешать въезд, как поступают американцы, прежде всего людям тех профессий, которых у нас сейчас недобор. И тогда никакой «угрозы» не будет. Если только мы сами не запугаем себя своими же соседями и не сделаем из них врагов.

> Гидра – в греческой мифологии многоголовая змея, у которой на месте отрубленных голов вырастают новые. Здесь – в переносном значении (ср. гидра контрреволюции, гидра злословия). 希腊神话里的多头蛇，文中指难以战胜的邪恶力量。

俄罗斯文化阅读

Вопросы и задания

1. Кто, по опросам населения, является кумиром современных китайцев? А кто для вас является образцом для подражания? Почему?
2. В чём видит залог успеха Китая руководитель государства?
3. Какова роль партии в преобразовании экономики современного Китая?
4. Каково состояние российско-китайских отношений на сегодняшний день? Какие перспективы для них видит автор? Какое будущее, по вашему мнению, ждёт Россию и Китай в будущем?
5. Прочитайте высказывание Дэн Сяопина. Объясните, как вы понимаете его смысл.

Не важно, какого цвета кошка – белого или чёрного, лишь бы она ловила мышей. Не важно, какая система – капиталистическая или социалистическая, лишь бы она развивала экономику.

Познать Китай до конца невозможно

В Китае многие знают этого человека только как Ло Гашоу, забывая, что у него есть русское имя и русская фамилия. Больше 13 лет Игорь Алексеевич Рогачёв представлял Россию в КНР, руководя одним из самых крупных посольств в мире. В его немаленьком послужном списке дипломатической деятельности есть записи о работе в посольстве Америки и спецпредставителем в Северной и Южной Корее, а также на посту заместителя министра иностранных дел СССР.

С 2005 года Игорь Рогачёв представляет в Совете Федерации исполнительный орган власти Амурской области. Биография его довольно причудлива, и в ней нельзя не увидеть промысла Божьего или, как говорят китайцы, Небесного мандата.

И. А. Рогачёв очень яркая личность. Может быть поэтому многие корреспонденты мечтают взять у него интервью. И Игорь Алексеевич всегда с удовольствием общается с журналистами. Предлагаем вам отрывки из двух интервью, данных представителям известных российских информационных агенств.

— Игорь Алексеевич, наверное, ваша карьера китаеведа была определена ещё в детстве. Ваш отец – известный специалист по Китаю, переводчик китайской классической литературы, в его переводах на русский язык издавались такие романы, как «Речные заводи», «Путешествие на Запад». И он, скорее всего, хотел, чтобы и вы стали китаеведом?

— Не совсем так. Мои родители первоначально хотели, чтобы я стал музыкантом. Я всегда занимался музыкой с удовольствием, но музыкантом стать не хотел.

В 1950 году я закончил школу с серебряной медалью и поступил в Московский институт востоковедения. Прошло меньше года после победы народной революции в Китае, и нас набрали на китайское отделение 155 человек! Нам обещали непочатый край работы с китайцами. В институте я учился хорошо. Начиная с 3-го курса меня посылали в командировки в качестве переводчика китайского языка. В 1954 году наш Институт востоковедения распоряжением правительства неожиданно закрыли, и лучших из нас перевели в Московский институт международных отношений. Так я оказался в МИМО, где получил диплом, в котором было записано: «специалист по странам зарубежного Востока» со специализацией «китаевед».

— И после МИМО вы сразу поступили на дипломатическую службу, да?

— Нет. В тот год распределение получили только два наших сокурсника, бывшие фронтовики, члены партии, а остальным выдали дипломы и сказали, мол, ищите себе сами место работы. По через месяц Академия наук СССР предложила мне временную работу переводчиком

> Игорь Рогачёв – бывший посол России в КНР, кандидат исторических наук, представитель Амурской области в Совете Федерации. 罗高寿, 俄罗斯驻中国前任大使, 历史学副博士, 现任俄罗斯联邦委员会阿穆尔州代表.
>
> Промысел Божий – воля Божия, которая управляет всем. 指可以支配一切的上帝的意愿.
>
> Непочатый край работы – впереди предстоит очень много работы. 许多工作有待去做.

в советско-китайской экспедиции по обследованию реки Амур и её притоков, чтобы подыскать места для будущего строительства гидроэлектростанций. Я, конечно, согласился.

В экспедиции я пробыл два месяца, прошёл по всей реке от Благовещенска вверх по течению до слияния Аргуни и Шилки и обратно.

— **А когда вы начали работать в Посольстве в Пекине?**

— 7 января 1958 года. В качестве переводчика, потом атташе. Первая командировка продлилась до 1961 года. Но до этого я проработал переводчиком с советскими специалистами в Министерстве здравоохранения КНР, штатным сотрудником в газете «Дружба», которая издавалась в Китае на русском языке.

— **То есть вы ещё и журналистом были?**

— Да, но это тоже произошло не совсем случайно. Я ведь параллельно с учёбой в Институте востоковедения и МИМО заочно учился на отделении журналистики филологического факультета МГУ.

— **Работая с китайскими врачами, вы, видимо, хорошо разобрались, что такое китайская медицина?**

— Я преклоняюсь перед традиционной китайской медициной. Во-первых, потому что китайские медики не признают никакой химии, а только природные компоненты, растительные и животные. Во-вторых, для них главное – профилактика, то есть не допустить, предотвратить заболевание.

Этой медицине 3—4 тысячи лет, спрос на китайских врачей в мире огромный. В Лондоне ещё в 90-е годы фукционировали 180 центров китайской медицины, в США каждый пятый житель лечится у китайского врача. Везде в мире уважают китайскую медицину. Сейчас центры традиционной китайской медицины начали появляться в России, но их очень мало и поэтому в них большие очереди.

— **Китайский поэт Ду Фу писал: «Во все времена редко кто доживает до 70 лет». Вы уже перешагнули этот рубеж, причем не просто в добром здравии, но активны, полны энергии, работоспособности. В чём секрет?**

— Я всегда придерживался принципа: ни дня без спорта. Большую часть своей жизни играл в футбол, играл в школе, в институте, играл в Пекине за сборную советских коллективов. Каждый день я начинаю с зарядки или в спортивном зале, или на тренажерах. Играю в теннис, плаваю.

Прослышав про спортивный образ жизни российского посла, Центральное телевидение КНР не раз просило посольство дать возможность сделать об этом передачу. И вот настал такой день, когда сначала перед камерами я полтора часа играл в теннис, потом показал, как плаваю в бассейне и что умею делать на брусьях. Потом журналисты спрашивают: а что вы ещё можете? Отвечаю: могу на голове стоять у стенки. Они говорят: покажите. Я встал на голову, и девушка-корреспондент, сидя на корточках, стала брать у меня, стоящего вниз головой, интервью. Эту передачу показали потом на весь Китай.

— **Вы знаете Китай не понаслышке без малого полвека. Даже лично наблюдали за тем, как великий кормчий Мао Цзэдун поглощал жгучий красный перец. Было такое?**

— Было. Я переводил Мао Цзэдуну несколько раз.

Перешагнуть рубеж – преодолеть определённый уровень (в данном контексте, «перешагнуть 70-летний рубеж» – быть старше 70 лет).越过某个界限，文中指年过70岁。

В добром здравии – быть абсолютно здоровым, ничем не болеть.身体健康。

Знать не понаслышке – очень хорошо знать из собственного опыта.非道听途说获得的信息。

Без малого – почти 几乎。

— Удалось ли вам лично до конца распознать истинное лицо Китая в мировом сообществе?

— Я думаю, что ни один человек, будь то китаевед или специалист по другим направлениям, не взял бы на себя смелость утверждать, что он до конца познал Китай. Это невозможно.

— **Почему?**

— Это совершенно другая цивилизация, другая культура, привычки, традиции – всё другое.

— **Сегодня очень часто спорят о том, кто – Мао Цзэдун или реформатор Дэн Сяопин— в большей степени повлиял на рост экономики Китая. На ваш взгляд?**

— У меня никаких сомнений нет, что Дэн Сяо-Пин является автором, архитектором всех реформ процесса преобразования китайской экономики. Это один из мудрейших политических деятелей XX века.

— **Его знаменитая поговорка о кошке, которая «какого бы цвета не была, лишь бы мышей ловила», – это и есть соединение разных форм собственности и разных форм экономики в Китае?**

— Совершенно верно. Смысл этой формулы состоит в том, чтобы прекратить споры о том, что лучше – социализм или капитализм. Какая разница, какого цвета кошка, главное, чтобы она ловила мышей.

— **В 1979 году, когда начинались экономические реформы в Китае, свыше 500 миллионов человек находились за чертой бедности. Сегодня говорят о цифре в 26 миллионов. Вы лично наблюдали экономический рост этой страны. Скажите, в чём его особенность и почему мы топчемся на месте?**

— Я за нашу страну не могу отвечать. Я могу говорить о том, что происходило в Китае. Они борются с нищетой, бедностью. Это одна из главных приоритетных задач китайского руководства. И к концу каждого года у них объявляются статистические данные, насколько сократилась численность населения, живущего за чертой бедности.

— **Насколько можно верить этим данным?**

— Но и не верить им тоже нельзя. Потому что если вы поговорите с китайцем среднего достатка, с крестьянином, то он скажет, что он живет гораздо лучше, чем 15-20 лет назад. И это факт.

— **Тем не менее никто не спорит с тем, что и безработица в Китае тоже растет. Не в этом ли причина, что они заполняют наши торговый и строительный рынки?**

— Да, число безработных достаточно большое. Происходит процесс миграции сельского населения, которое ищет работу в крупных городах. В том числе несколько миллионов постоянно приходит в Пекин для поиска работы. Несколько сот тысяч китайцев работает на Ближнем Востоке. Строят железные и обычные дороги, порты, больницы, крупные здания и так далее. Это преимущество китайцев, потому что вся страна – это сплошная стройка. Причём строительство идёт круглые сутки, без праздников и суббот – воскресений. Одна бригада работает, потом уходит. На смену приходит вторая, третья. И на глазах у вас за несколько месяцев вырастает небоскрёб.

— **Бесспорно, вы влюблены в Китай и во всё, что с ним связано. А ваши родные и близкие разделяют эту любовь?**

— Да, конечно. Моя приёмная дочь Галина много лет работала в Китае, мой внук Алексей в будущем году заканчивает магистратуру с китайским языком в МГИМО. Сын Илья тоже окончил МГИМО и работает заместителем Постоянного представителя Российской Федерации в ООН.

— Какое хобби у китаиста?
— Моё хобби? Наверное, вы сами поняли – спорт и музыка.
— До сих пор музицируете?
— Да, особенно когда гости приходят. Я за роялем, гости поют и танцуют.
— И обожаете пекинскую оперу?
— Я очень любил ходить на представления пекинской оперы. Единственно, могу сказать, что в последнее время это удавалось очень редко: объём работы посольства возрос в несколько раз.
— Это правда, что вы считаете себя патриотом китайской кухни?
— Все, кто пробовал хотя бы несколько раз блюда китайской кухни, становятся её патриотами.
— Сами научились что-нибудь готовить?
— Ничего абсолютно.
— Спасибо за беседу.

Вопросы и задания

1. Кто такой Игорь Рогачёв? Расскажите, как складывался его жизненный путь. С чего началась его карьера дипломата?
2. В каких областях приходилось Игорю Рогачёву работать в Китае?
3. Что думает бывший дипломат о достижениях китайской экономики?
4. Кого Игорь Рогачёв считает самой выдающейся личностью в преобразовании китайской экономики?
5. В чём видит Рогачёв преимущества китайской традиционной медицины?
6. Как он относится к китайской культуре и традициям? Разделяет ли семья дипломата его отношение к Китаю? Почему вы так считаете?
7. Как вы думаете, удалось ли Игорю Рогачёву, столько лет отдавшему работе на разных постах в Китае, постичь эту страну до конца? Почему?

普通高等教育"十一五"国家级规划教材

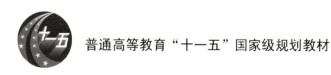

（1—8册）学生用书/教师用书

黑龙江大学俄语学院　编
总主编　邓军　郝斌　赵为

《俄语》(全新版)在充分领会新教学大纲的基础上，以最新的外语教学理论为指导，在编写理念、选取素材、结构设计等方面都力求体现和满足俄语专业最新的教学要求，集多种教学模式和教学手段为一体，顺应社会和时代的发展潮流，突出素质教育思想，注重教授语言知识与培养言语技能的有机结合。

● 采用低起点教学原则，从语音导论开始，到最后篇章修研结束。编写主线以语法为纲，酌情引入不同专题内容。低年级阶段以教学语法为基础，高年级阶段以功能语法为纲，以适合众多俄语专业基础阶段和提高阶段的使用。

● 力求反映出 21 世纪俄罗斯风貌、当今时代俄语最新变化。紧密联系中国国情，结合教学实际，注重日常生活交际，突出实用性。

● 保障常用词汇数量，保障典型句式数量。教材内容贴近生活、贴近现实，学生可以通过本套教材的学习，了解俄罗斯人的生活习俗、行为方式、思想方法以及人际交流模式。

《俄语》(全新版)共分为 8 册，包括学生用书、教师用书、配套光盘、电子课件等相关配套出版物。

北京大学出版社
外语编辑部电话：010-62767347　　市场营销部电话：010-62750672
　　　　　　　010-62765014　　邮购部电话：010-62752015
Email: zbing@pup.pku.edu.cn